作者像

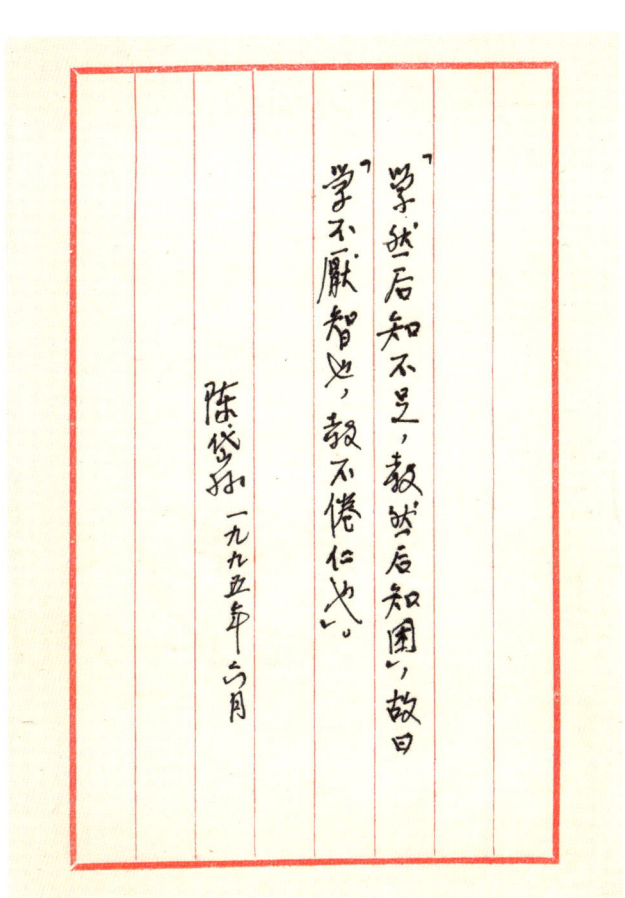

作者手迹

绫窨

碎金文丛

往事偶记

陈岱孙 著
刘 昀 编

图书在版编目(CIP)数据

往事偶记 / 陈岱孙著；刘昀编 . —北京：商务印书馆，2016(2024.7 重印)
(碎金文丛)
ISBN 978-7-100-11124-9

Ⅰ.①往… Ⅱ.①陈… ②刘… Ⅲ.①陈岱孙(1900～1997)—回忆录 Ⅳ.①K825.31

中国版本图书馆 CIP 数据核字(2015)第 049756 号

权利保留，侵权必究。

碎金文丛

往 事 偶 记

陈 岱 孙　著

刘 昀　编

商 务 印 书 馆 出 版
(北京王府井大街36号　邮政编码100710)
商 务 印 书 馆 发 行
北京通州皇家印刷厂印刷
ISBN 978-7-100-11124-9

| 2016 年 5 月第 1 版 | 开本 787×1092　1/32 |
| 2024 年 7 月北京第 4 次印刷 | 印张 8½　插页 2 |

定价：49.00 元

出版说明

学问一事，见微而知著，虽片言鳞爪，却浑然一体。及今观之，札记、书信、日记等传统书写方式，更是散发出无定向、碎片化的后现代气息。钱锺书先生便将自己的读书笔记题为"碎金"，凸显其特殊的价值。

文丛取名"碎金"，意在辑零碎而显真知，并与"中华现代学术名著丛书"相映衬。丛书所录，非为诸名家正襟危坐写就的学术著作，而是其随性挥洒或点滴积累的小品文章。分为治学随笔、学林散记、日记书信与口述自传等系列，多为后人精心整理或坊间经年未见的佳作。希望这些短小而精美、灵性而深邃、言简而隽永的吉光片羽，能帮助读者领略名家学者的点滴妙悟、雅趣文字，一窥学术经典背后的丰富人生。

商务印书馆编辑部

目 录

往事偶记（代序）······························ 1

私塾内外——童年学习生活片断················ 21
我和英华学校——对"专读生"制度的回忆········ 30
乡声 ······································· 35
我的青年时代——从求学到从教················ 39
三四十年代清华大学校务领导体制
　和前校长梅贻琦···························· 68
绥北道上 ··································· 86
笳吹弦诵情弥切······························ 100
抗战中的西南联合大学························ 105
西南联大校舍的沧桑·························· 110
西南联合大学的蒙自分校······················ 121
日军铁蹄下的清华园·························· 127
给清华大学校史组的信························ 134

i

福建省闽侯县螺洲乡太傅陈公生平叙略 *137*

回忆梅贻琦先生 *159*

回忆叶企孙先生 *169*

回忆金岳霖先生 *177*

忆念周培源先生 *185*

回忆张奚若先生 *197*

回忆刘仙洲先生 *201*

后园种菜忆沈同先生 *204*

怀念许涤新同志 *208*

我和商务印书馆 *212*

附录:梁思成、林徽因致陈岱孙的六封书信 *215*

编后记 刘昀 *237*

往事偶记（代序）

我于1900年10月生于福建闽侯的一个所谓"书香门第"的家庭，实际上就是一个中落的旧官僚家庭。我的祖父，曾考得进士，供职翰林院。散馆之后回了家，就聘于福州鳌峰书院任山长之职终其身。在这个封建式的家庭中，他是一个严厉的统治者。

我在家里是长孙，父祖辈都以"克绍家风"为期待。清末"废科举，立学校"断绝了"正途出身"的道路。但我的幼少年教育仍然延续着传统的模式，从六岁至十五岁都在私塾读线装书。什么经、史、诗、文都以不同的分量、不求甚解的要求，填进了脑子里。

在私塾的最后四年我经历了一个胡乱偷看书的阶

段，老师管束很宽，而我对于塾里的"正经书"的学习感到乏味。恰在这时候，我发现了一个装满书箱的藏书阁楼。从此，我就在应付"正经书"学习要求之余，钻进这个阁楼选择一些似乎可以看懂的书，什么历史传记、笔记、小说、诗歌、词曲等等，乱七八糟的无所不看。因为是偷看，所以总是躲躲闪闪，匆匆忙忙地看了一本又一本。这样的乱看当然没有什么益处，但也增加了一些生活的知识。

推翻清皇朝的革命发生于1911年，在此前好几年清皇朝早已颁布了"废科举，立学校"的命令。外边的世道变了。我的祖父于1912年冬去世了。但当我祖父在世的时候，外界的新风吹不进我的封建家庭，孩子们的教育还是一仍旧贯。"洋学堂"式的各级学校已相当普遍，私塾已到了末日，我们成为末代私塾的末代学生。祖父去世后，我们的父辈不能不认真考虑下一代的学习问题了。1913年，读书的生活发生了重大变化。在我十三岁的那一年，我除了还在私塾读书外，又请附近小学一位老师教英文、算学。经过两年这样补习，我终于在1915年秋季考入附近颇为有名的鹤龄英华中学的三年级。当时中学实行的是六年一贯制，所以中学三年级也就是初三年级。

我于1915年秋入中学时已十五岁,自己觉得耽误太久了,年纪太大了;按部就班地再念四年中学才毕业,太晚了。恰好这个中学当时为我们这些"半路出家"的"老"学生开了一个方便之门。鹤龄中学是一个教会办的学校,每一年级的课程都分为两部——中文部和外文部,中文部教的是国文、经书、中国史地等等;外文部则包括英文、外国史地、数、理、化、生各科。各班有的上午上中文课,下午上外文课;有的上午上外文课,下午上中文课。对每年级的正规生,要求两部课程都要学习。但中文有一定基础的学生可以在入学考试时,申请参加中文特别考试,报名入"专读班"。申请参加特别考试的学生,除和应考正规学生一样要参加规定的各门入学考试外,还要参加三场中文考试,写三篇文章——经义、史论和时事对策。考试及格被录取后,"专读生"可以免修各年级的全部中文部课程,专读外文部课程,这样就可以大大缩短上学的年限。唯一作难的是,如果这三场中文考试不及格,即使其他规定的各门考试都及格了,考生不但不能录取为"专读生",也不能退一步请求入正规班,我

少年陈岱孙与母亲罗伯瑛

和一些自认为年龄太大的学生一样，只好"背城借一"硬着头皮去应这特别考试。幸而被录取了。在这个中学，我以两年半的时间读完了最后四年的外文部课程，于1918年年初毕业。年限是缩短了，但这样连蹦带跳的学习却带来了不小的损失。对其他课程，问题不算太大，但数学却遭了殃。例如代数和几何同时念已经够麻烦的了，上半部代数和下半部代数，上半部几何和下半部几何同时念更是搞得糊里糊涂，虽然不知道当时如何也都混得及格，但基础打得不扎实，从此对于数学产生了畏怯的心理，也就断绝了后来曾一度有意学习理工科的道路。

1918年中学毕业后，在家准备了几个月，夏初到上海应清华学堂的插班考试，获取入高等科的三年级。清华当时的学制是八年，分中等、高等两科，每科四年。高等科的一二年级约等于高中的二三年级，而高等科的三四年级则等于大学的一二年级。

清华在上海的考场设在四川路的青年会附中内。为了便于应考，我住在当时所谓英法租界交界马路的三洋泾桥段一个小客店内，客店东边不远就是黄浦滩，紧张的三四天考试过去后，一天下午我去黄浦滩走走。

沿江是一片绿化带，细草如茵，间以疏落有致的树木。我正待步入公园时，忽然看到放在草地前沿的一块白地黑字的牌子，上面写着"华人与狗不许入内"几个大字，对于这横逆和凌辱，我当时是毫无思想准备的，因为关于这类牌子的存在我是不知道的，我陡然地止步了，瞪着这牌子，只觉得似乎全身的血都涌向头部。在这牌子前站多久才透过气来，我不知道。最后，我掉头走回客店，嗒然若丧，第二天乘船回家。我们民族遭到这样凌辱创伤，对一个青年来说，是个刺心刻骨的打击。我们后来经常批判那个年代出现的所谓各种"救国论"，但是只有身历了这样心灵上创伤的人才会理解"救国论"，有其产生的背景。

在清华两年，只是应付功课，但也忙得可以。鹤龄中学毕业和清华高等科三年级相衔接的差距不大，但清华高等科三年级学生，经过了六年来年年的淘汰，和插班生的不断的遴选补充，都有一定的水平。由于眼光都看着将来选送出洋学习的机会，学习都十分努力，竞争是剧烈的。

在清华第一学年的结束前，赶上了"五四"运动。当然，游行、请愿、宣传等活动都参加了，但也只有摇旗呐喊的份儿。我当时总觉得我们似乎有一个基本问题需要解决。想起了古书中所说的"足食足兵"的重要性和积贫积弱显然是导致横逆的原因，那么富强似乎是当务之急，这也许是一种糊涂的"经济救国论"的意识罢，但当时却没有赋以什么"论"的外衣。

1920年夏我从清华毕业了，经过甄别，获得了公费留学美国的机会；秋天，远渡太平洋到美国中西部威斯康星州立大学，插入三年级；真的以经济学为专业了。

在威斯康星州立大学平平稳稳地读了两年，得了学位，然后，几乎完全为了慕名而申请入了美国最古老的大学——哈佛大学——当研究生。在哈佛大学读了四学年。

哈佛大学四年是我学习最紧张的年头。美国大学本科的功课一般并不繁重，所以，在威斯康星州立大学时，不需要花太多的时间便可应付裕如。星期日、假日经常和同学们到附近参观、旅行，藉悉异国的习俗、风尚。两年下来，成绩虽不算翘楚，但亦不弱于侪辈。因此，对于学习不免产生了掉以轻心的情绪。但到了哈佛研究生院后不及一两个月，骄矜之气被彻

陈岱孙(左)与同学李榦(中)、曾昭承(右)
在哈佛大学校园(1924)

底打垮了，从此开始了一段发愤读书的生活。

哈佛经济系这一学年新入学的研究生大约有二十几人，其中又约有一半是在大学毕业参加一段教书研究工作之后才来再求深造的。他们的底子较厚，思想较成熟，其他从本科毕业直接升学的人也十有八九是各大学毕业班中的尖子。在同班中，不少人后来被证明在学术上有一定成就，例如，后来鼓吹"垄断竞争"学说、当上哈佛大学经济系教授的张伯伦，回到瑞典斯特哥尔摩大学任教、后来获得诺贝尔经济学奖金的奥林，在当时都已露了头角。经济系研究生有一个自修室，自修室旁边有一个"西敏纳尔"（讨论班）小教室。我们这第一年的研究生，除了上课外，大部分人每天都来自修室，经常相互问难。当分歧激化，为了避免干扰别人，执辞不一的人就退入讨论班小课室，然后大声争辩，这种场合我也有时参加，但不久就有点内怯，感觉到自己的学识大不如人。四年发愤苦读的生涯就是在这压力下逼出来的。在这四年中，没有星期休日；除了有两个夏天离校参加中国留美学生夏令会的二十天外，寒暑假也基本上取消了。

在研究院两年后，我获得了一个更好的读书条件。

由于导师教授的推荐，我被批准在图书总馆书库里使用一个摆有一小书桌的研究小隔间的权利。这样，我不但可随时凭证入库，而且可以整天待在里面读书，隔间的旁边就是书库的一排一排书架，我再一次感到典籍的浩瀚而自己是如何浅尝无知。我在哈佛大学最后两年基本是在这隔间中度过的。书这样多，方面这样广，我又患了贪多务得的毛病。除了经济学专业书籍外，我还常常浏览了一些其他社会科学、哲学、历史等名著。有时到了下午四五点钟，实在累了，我就到图书馆另一层的一个特设的文学阅览室去。那是一个四围罗列欧美文学名著的开架阅览室，入室不许带书包或自己的任何书籍。在宁静的环境、柔和的灯光下，我藉此消磨了晚饭的两小时，也就消除了一天的劳累。

这是我平生一次最长期的密集的读书时间。虽然确也涉猎了不少书籍，但这样经常是看着一本盯着另一本的读法，到底有什么用处也是可以怀疑的，然而当时是以之为乐趣的。我离开哈佛大学时，别的没甚留恋，就是为这个密集读书生涯的结束，有点惘然。

在哈佛大学四年，得了硕士（1924）、博士（1926）

学位后，学业结束了。我获得留学生监督处批准预支余下的四个月的公费和回国旅费，于1926年4月渡大西洋到了欧洲。1926年，欧洲主要国家如英德等国经济情况比较稳定，生活费用较高。只有法国适值一个通货膨胀时期，法郎汇价不断下跌；对于我这样怀的是外国货币的人来说，生活远为便宜。所以在欧洲时间，除了在英国和大陆若干国家作短暂的旅行外，我主要定居在法国，在巴黎大学听课。巴黎大学像一般欧洲大陆许多国家的大学一样坐落在城区，教室紧靠马路，没什么门禁。任何人可以不经批准自由进入教室坐下听讲。只要循规蹈矩，绝没人加以干涉。北京大学在沙滩的当年也有类似的传统。当时不少有志于学问而无力入学的穷学生是北京大学的"偷听生"。这个传统是值得赞赏的。为什么要高其门墙拒这些人于千里之外呢？

1926年底，资斧不继了。买了一张从马赛到上海的船票后，便不名一文。借了十英镑以为火车及沿途之用，才勉强成行。走了三十几天才到上海，转回阔别七年的福建老家。

前途如何，有点茫然。学的是经济，但绝无意于

任教清华时的陈岱孙（1930年代初）

银行、商业。这正是第一次大革命年代。到上海时，北伐军已占领了武汉。回到家不久，我忽然收到一位向未谋面的先后期同学从武汉来的电报和信，让我到武汉去参加工作；说了些革命形势进展至速，财经人才至缺，学以致用等等的话。心为之动，但七年在外，行装甫卸，想多盘桓几时再去。所以，我复信给那个朋友告以实情，答应于短期休息后，即去武汉聆教。接着北伐军又打下了上海、南京。但忽然革命形势大变，宁汉分家，第一次革命失败了。在武汉那位朋友被迫离开了武汉暂返上海，来了一信略说事变的经过，抱歉地说，前事不能再提了。恰在这时候，我接得清华大学的电报和聘书，让我去经济系任教。我接受了。八月首途，由于京沪火车不通，北上之船沿途耽搁，九月初才到北京。学校已上课两天。到校报到之翌日就上课堂，从此开始了几十年的教学生涯。

在清华的头五年，我整天忙于教学。经济系四年的专业课不算少，而教师不算多。每个教师每年都得担任三门课，每星期八至九小时。在哈佛大学时，我的专业方向是财政金融，在清华主讲的也有这一门。在教学过程中，我特别感到对于中国有关这些方面的历史和现况的知识太不够了。因此在这几年中，我在这些方面花了不少时间来充实自己，也以之补充教课的内容。

1932年清华大学给我一个休假研究一学年的机会，并提供了旅费和等于一个学生助学金的生活津贴。我又去欧洲住了一年。这次出国目的是为了写《比较预算制度》一书做准备工作；关于这方面的资料，国内几乎完全没有。在巴黎我住了半年，在伦敦住了四个月。这又是一次甚为密集的读书阶段。但这次读书范围明确，只以和专题有关者为限，在巴黎除了周末听次歌剧或交响乐演奏外，几乎每天都在法兰西国家图书馆搜找、抄录有关的资料。在伦敦，大部分时间也消磨在不列颠博物院里。成果还不错，搜集的资料陆续寄回清华以备回国后整理。但一个不期的事件打断了在伦敦的工作。

三十年代头几年，全世界资本主义国家处于1929年经济危机后的一个长期萧条阶段。1933年初几个主要国家发起，于是年夏在伦敦开一个世界性的"国际经济货币会议"，希望在这会上达成某种协定以缓和在国际贸易、汇兑措施上相互卡脖子的局势。所有国家都被约参加了。中国当然也是被约参加国之一。

当时中国受到经济大萧条的打击远没有如其他许多国家那样严重。但我们却为萧条中出现的一情况所困扰。那就是所谓"白银问题"——银价下跌影响及其对外汇率和国际贸易与支出的影响等问题。大萧条时期南京上海的政治金融利益集团曾因此而惶惶不安。利益集团的代表宋子文曾藉这个国际会议将开之际去美国和美国中西部银矿主利益集团勾搭，希望能在这会上为白银利益集团捞点好处。白银跌价对中国经济当然不无不利的影响，例如外债负担的加重等等。但在另一方面，我们国内生产没有受到萧条的更严重的打击，未始不在一定程度上拜银价下跌之赐。我们所憎恶的汇价高涨也许还是一种"伪装下的祝福"。这一点却为国内经济界和经济学界所忽视了。

我曾于1932年底去日内瓦几天。当时中国正在国际联盟控告日本发动"九一八"事变和建立伪满洲国的侵略。南京政府起用了闲置多年的老外交家颜惠庆代表中国来日内瓦和日本周旋。我去日内瓦的目的是为了看看这一斗争的现场情况。在和颜惠庆一次遇见的闲谈中，我略述了我个人对于白银问题的意见。也许是由于这一次的接谈，当颜受命去伦敦组织中国参加"国际经济货币会议"的代表团时,他找我以专家的身份参加代表团。我告诉颜我有顾虑,因为宋子文当时正从美国来到英国,传闻他将任中国代表团团长,我的观点和他所代表的利益集团的企图是背道的。颜说,宋只参加开会式,开会之翌日就去欧洲大陆返国,而他自己将是代表团的首席代表。我于是答应了,在开会期间,我天天参加大大小小的会,但中国当时是一个积贫积弱的国家,对于会上利害折冲的问题,毫无置喙的余地。参加这种会,精神是苦闷的。

会开了一个多月,争吵得厉害但毫无结果。晴天一个霹雳,新就任的美国总统罗斯福,没有打任何招呼,宣布他的"新政"措施,给会议以致命的打击。先前想通过会议达成某些国际协议的希望完全破灭了。会议草草宣布结束,各国代表都鸟兽散;我恰在这事情发生前十几天得到"太平洋学会"的电报,让我于八月中去加拿大的邦佛城参加它的双年会。我并不是"太平洋学会"会员,算是客人罢。伦敦会议的结束解决了这两个会议时间的可能冲突。我尽几天之力写了一个参加伦敦会议的总结报告,交给颜惠庆,随即搭船去美国转去邦佛。

"太平洋学会"是一个民间组织。邦佛年会本来会序也侧重于讨论从民间的角度如何缓和大萧条对太平洋地区各国冲击的问题。罗斯福的新政措施的宣布,对于邦佛会议也产生了"釜底抽薪"的作用。主题提不上日程了。会开得很不出色,十天左右匆匆地收了场。会后,我在加拿大洛矶山几个名胜湖区转了一转,借作休息,九月初就搭船返国回到清华重理粉笔生涯。

1933年后,国内情况很不好。外侮日亟,而当道者方致力于内讧,华北时局尤为险恶。1935年,清华决定停止在校内修建一座规模颇大之文、法学院大楼,把这四十万元的基建款转投资于长沙岳麓山,筹建一套新校舍,以作华北战事爆发的退步。1937年战事爆发后,北大、清华、南开联合搬长沙组织临时大学。地点的选定和已有校舍的经营不无关系。但当临大在长沙于十月开学时,新校舍尚未竣工,到了将大致可以利用的翌年春,临大又再搬昆明了。

卢沟桥事变时,我在北京。十来天后,我和几位校内同人去庐山开会。会上虽然也有慷慨陈词者,但主要的基调仍是委曲求全,会后下山北上到天津,战事已起,平津交通断绝。我困在旅店,直至平津地区全部沦陷，两地通车才回北京，暂住城内友寓，和校内电话联系。校务会议同人（梅贻琦校长尚在南京）因城郊交通没有保证，不让我返校，而来城里和我一起开个会，建议我即日南下商量迁校事宜。当时使我稍有迟疑的是对分放在校内寓所及图书馆楼下研究室的在欧洲搜集的关于预算问题的资料和这二三年陆续写的手稿的保存的关怀。但一转念，打仗总得有损失，凡此一切只可当它已毁于炮火。当即决定不回校寓，翌日即返天津，乘船到青岛，转赴南京。到南京后，知道已决定北大、清华、南开三校联合在长沙成立临时大学，又匆忙奔赴长沙。

临时大学在长沙上了一学期课，上海退却，南京陷落，武汉告急，临时大学决定迁昆明。我和临大南岳文学院几位同人结伴由公路经广西，入越南，由滇越铁路到昆明。临时大学改为西南联合大学。昆明临时租借的校舍不敷用，联大的文、法学院暂搬蒙自，上了一学期课又搬回昆明，从此联大在昆明经历了八年岁月。

1945年8月日本投降。消息乍传，许多人都以为可作立即北返之计，但很快地知道其为不现实。学校当局不久就做出1946年夏秋间复校的决定，由三校各自先行派出先遣人员接管、修葺平津校舍，我被派同土木系王明之教授于11月飞平，组织并主持"清华校舍保管委员会"工作。

保委会工作进行约十个月，工作人员约三十人左右。由于清华校舍为日军占用严重破坏，保管修葺工作十分紧张。保委会进驻学校时，占用校舍之日军伤兵医院只能让出贯穿清华园中部小河的南岸的校舍，北岸仍然住满了待遣返的日军伤兵；双方划河为界。我们人员白天工作之余每天晚上还得分班和日军士兵隔河相望地巡逻各自防区。日伤兵最后一批于翌年8月才遣送完毕。但修缮工作不能等待。经过一个多月的筹划，1946年新年就开始招标、备料、包工；一解冻就全面开工；到了8月，勉强做到可接待从昆明回来的师生和初步满足秋季始业的教研工作各方面的要求。

从复校到解放只有短短的两年。但这两年却使人确信国民党政权已经完全腐化；垮台就在目前。1948年暑假后，时局有急转直下之势。有些人辞职走了。有一天晚上同系的一位教授来找我，说他决定全家去美国，劝我早为之计。我说我理解他要走的心情，但我不走，也不准备后悔这个决定。清华于1948年12月解放。翌年全国大部分都获得解放，1949年10月1日，中华人民共和国宣告成立。"中国人民站起来了"的宣言，表达了一百多年来备受横逆凌辱的中华民族的一致宏愿。

我还在清华工作到1952年。1952年，北京院系调整，新成立"中央财政经济学院"。我转到这个学院。翌年这个学院取消了，我又转到北京大学，从此一心一意地继续做教学工作。

回顾一下，应该说我的一生是和书打交道的。而我对于读书也确乎有兴趣。但可悛悔的是在结束了学生生活之后，读的书越来越少，还出现了空白时期——八年抗战，十年浩劫，一下子就去了近二十年。

书总是要读的。人类的进化赖于知识的积累；而知识则主要借书而传递。"读书无用论"是一个大骗局；再不能让人们有日回顾"恨不十年读书"了。从今以后，在安定的局面下，想读书的人将能不负于新社会为他们创造的良好的读书条件和机会。这是值得庆幸的。

1982年5月
（原载《中国当代社会科学家》第一辑，
书目文献出版社1982年版）

私塾内外
——童年学习生活片断

到19世纪的末年,我国才有新式的学堂;但还不普遍,在这之前,私塾是童、少年就学的唯一场所。从19世纪末年到20世纪初年,新式的学堂和私塾并存了一段的不短的时间。

有的私塾是由老师自办的;在自己家里腾出一间屋,招收了若干童、少年并由他来讲授。有的私塾是由一家人家单独或几家人家合组聘请一位老师来专门教导他们家里的子弟们的。一般说来,一个私塾只有一位老师,而可能有七八个、十来个学生。

我的童年时代恰处于这个从私塾到新式学堂的过渡时

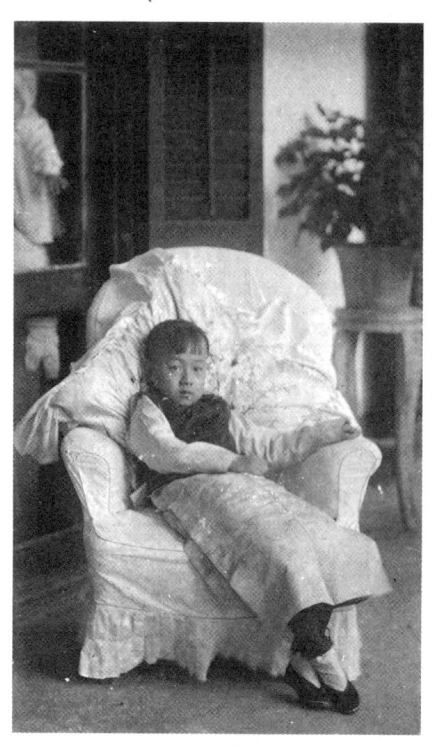

七岁时的陈岱孙

期。所以我从六岁那一年年初（1906）起到十五岁那一年的夏天（1915），足足上了九年半的私塾。十五岁那一年的夏天，我考取了新式学堂的一中学成为三年级（当年中学实行的是六年一贯制，三年级即现在的初三）插班生。

私塾内学习的当然是中国的古书；主要是经、史，辅以诗、文。我记得我入私塾的第一课就是由老师讲授四书（《论语》、《孟子》、《大学》、《中庸》）中的《论语》这一书。（当然在我四五岁的时候，已经学过若干的汉字，念过一些幼儿读物如三字经、千字文、千家诗等等。）念完四书之后，便开始读经了。（其实，四书中的《论语》、《孟子》同时也就是两种经。）七八年中，把所谓十三经（《周易》、《尚书》、《毛诗》、《周礼》、《仪礼》、《礼记》、《春秋左传》、《春秋公羊传》、《春秋穀梁传》、《论语》、《孝经》、《尔雅》、《孟子》）中，除了《论语》、《孟子》及《孝经》在开始上学时念过；《尔雅》一书实是古代的字典，没法可以当书来念，只好取消外，其余都念了一遍。虽然，老师对文字加以讲释，我和我的同学恐怕没有一人真知道书的内容，只要能和顺口溜一样从头念下去，就算不错。

经之外主要的读物是史——中国历代的史。经和史几乎是同时诵读的。史可分为通史和断代史两种。关于通史，我在这些年里念过《纲鉴正史约》、《纲鉴易知录》、《资治通鉴》、《通鉴纪事本末》等书。我应该补充地说，在读通史的过程中，我接触到并读到一本名为《读史论略》的书。它把中国过去几千年的历史浓缩为薄薄的一本书，一个朝代甚至用几句话就叙述过去了。它也许可以称为一本最简短的中国通史。通史以外，我还读了几部断代史。其中最主要的是《史记》、《前汉书》、《后汉书》、《三国志》等所谓"四史"，此外加上《战国策》、《国语》等几部应该算为断代史的书。（实际上，《尚书》、《春秋三传》都是史书，但俱已列入经的范围，这里就不算了。）

诗和文在我读书的范围中，只能算为辅科。文，不限于读某一本如什么《古文观止》等这一类的选集，而是由老师在各种文集中选出文章作为课文。时代的范围很广，从秦汉至明清都有被遴选的。选得最多的是唐宋若干大家的文章。当然，入选的文章都是所谓古文，即区别于由所谓四六形式的对偶句子组成的所谓骈体文的散文。但我的一位老师——下面将会提到的石卓斋老师——也曾选了几篇骈体的范文让我读，说这也是古文之一体，不可不知。我对于骈文颇感兴趣，觉得它富于文采。古诗也是作为辅课的，但似不受重视；也没有一定的教本，而是利用几本当时认为标准的选本，掺杂着选读。

学习的形式也有其特点。因为，在一个私塾中的十个，八个学生年龄都不同，程度参差不齐，学习的书本或进度也不完全一样，所以几乎每一个人都得由老师单个地授课。每天早上入了书房，首先是把书送到老师书桌上，然后转身向外，进行背诵昨天老师所授的某一段的书。背诵下来，就由老师立即讲授书中的新段落，讲授后下去自学。背不下来，老师有时可为"提辞"；"提辞"还背不下来，则罚去重习，明日再背。如果屡次背不下来，老师就要用竹板子打手心了，不是所有念的书都要背。"四书"是要背的，诗文是要背的，大部分经是要背的，史是不要背的。

除了读书外，私塾第二大项教学工作就是作文章。我大约是九岁左右，也就是说入了私塾三年之后，才开始作文章的。先写一些如日记、游记一类的写景和叙述性的文章，然后才进而写较为抽象的带有思辨性的文章。记得当时学写的文章有三个类型。第一，是

"义"。"义"是从经典著作——一般是《四书》——中摘取一句作为题目，要求作者用圣人讲这句话的命意作一篇文章。老师教导我们写一篇"义"所要牢牢掌握的是"代圣立言"这一标准，《四书》这一书，实际上，是以孔子孟子为主的孔门语录，所以差不多所有可能的题目都是语录。要求的是作者尽力体会、阐述圣人这条语录的本意，绝不许有自己的、有悖于圣人立言本意的所谓一切"放言可喜之论"。第二类型是"论"。"论"的题目大多数来自历史——对于历史某一事件的评论。第三类型是"策"。"策"是"时事对策"，即对当前国内外时事的意见和建议。对策一辞我国古代已有之。当年皇帝有时接见民间推荐的"贤士"，垂询他们对于国家政事的意见时。这些"贤士"们的答案发言就是所谓"对策"。不过在本世纪初叶，它却一变为科场考试的一种文体，二变为私塾习作的文体了。对于这几种习作文体的熟悉，对我却有一作用。在我十五岁那一年的夏天投考中学，为了赶以二年半时间念完四年的中学课程而申请入学后免修中文专习英语各课程时，学校让我参加一个特别的中文熟练程度的三场考试，要求写三篇文章。这三篇文章就是一篇经义，一篇史论，一篇时事对策。私塾的训练到此派上了用途，考试顺利地通过了。此后，"义"、"论"、"策"这三种习作文体都被抛在脑后了。只是在史无前例的"文革"十年动乱中，看到了、听到了一些对于"经典著作"中某些词句及几种"语录"的所谓"活学活用"的文章和报告，我有一种似曾相识的感觉，但自顾年龄老大，赧于再为"冯妇"了。

在九年半的私塾生涯中，我受教于三位老师。第一位是启蒙老师姓陈，我受教于他约三年。第二位是上面已经提过的石卓斋老师，我受教于他约四年。第三位老师也姓陈，我受教于他二年半。三位老师都没有所谓"功名"，就是说，他们都是科举场中的失败者，连起码的秀才都没考上，但是在科举时代有多少人怀才不遇，只可归咎于命运了。石老师对我教诲影响较深。他是一位有才学的老师。他经史极熟，喜欢吟诗填词。上面所讲三种文体的习作，是他手把手教我的。在他觉得我写的文章已有一点的进步后，他开始教我写诗填词。可惜大半年之后，他辞馆走了。我没再继续学写诗词了。石老师对学生很严格，不但在学业方面，而且在品德方面。我们本地有一习惯，端午节，老师要送学生一把扇子——学生当然也送老师以节敬。有一年端午节,他送我一把团扇,上面画着棵松树,树上一只仙鹤。在扇面上他题了为我写的一首诗:

　　本是龙门诮李膺,虬枝得所气休矜。
　　人间饮啄原前定,不露聪明即寿徵。

大概当时我在塾中,年纪是较小中的一个,自以为出身于所谓"书香门第",书还念得不错,就不时器小易盈地,冒出一些骄矜之气。石老师及时给我一个训诫。我感谢我的老师。这首诗我一直记着,不敢忘。

我们私塾的学习的压力,不算太重,塾中所读的书,有的我还是有兴趣的,但大部分是乏味的。所以我不十分满足于私塾内的学习。在私塾生涯中的后来几年,我发现我家有一个装满书箱的藏书阁楼。从此,我童年学习除了私塾之内,还有一个私塾之外的部分。我在应付"正经书"学习要求之余,钻进这个阁楼,选择一些似乎可以看懂的书,囫囵吞枣,不求甚解地一本本地胡乱看下去。几年下来,看的书还是不少的;大致有几类:一类是传奇性的历史或历史性的传记;一类是诗词、戏曲，此外还兼带几种子书，如《道德经》、《南华经》等。这些书，实际上，对私塾内的学习，是一种补充，因为它恰恰是"正经书"枯索乏味的对立物。第三类是小说。从中国古典小说到当时西洋小说的译本，我总看了不下一百多种。这当然几乎是都属于趣味性的，虽然其中不少是所谓中外名著。然而它们也让我多了解一些社会的情况，开阔一些知识面。我觉得应该把这私塾外的胡乱看书，看作我童年学习生涯的一部分，因为它不但占用了不少我的学习时间，尽管这时间是挤出来的；它确是构成我一生知识结构的一部分。

我十五岁那年夏考入中学后，私塾内外的学习生涯全部结束了。私塾内那些"正经书"当然不念了；也再没有时间躲在阁楼里贪婪地偷看那一类的所谓杂书了。必须说，虽然对于学校中的所谓"新学"的学习，我是"半途出家"的学生，然而"半途出家"前九年半的私塾内外的学习并不妨碍我对于后此"新学"的进修。

1986 年 11 月
（本文系作者应北京大学东语系编辑的
《东方世界》之约，于 1986 年 11 月底撰写）

我和英华学校
——对"专读生"制度的回忆

我于1915年至1916年秋季始业时插班考入英华学校三年级，于1917年至1918年上学期结束时毕业。

就在我就学的时期，英华学校进行了一次学制改革，在这以前，英华学校学制为八年，头六年是中学，最后两年的程度是大学的一、二年级。在我入学前一段时期，福州的几个教会私立学校发动组织一个联合的"协和大学"。协和大学成立后，英华学校的七、八两年级就并入这个大学，而英华学校本身便成为一个六年一贯制的中学。我随之在1918年2月毕业的那一班就是这新制的六年一贯制中学的第一班毕业生。

在我考入英华学校之前的九年，我一直上的是旧式的私塾，读的是经、史、诗、文一类的汉文线装书。1915年秋入中学时，我已十五岁了。如果按部就班地从三年级读完六年级才毕业就得用四年的时间。我自己觉得得二十岁中学才毕业，太老了。恰好英华学校当时为我们这种来自私塾、"半路出家"的学生开了一个方便之门。英华学校当时每一年级的课程都分为两部分，中文部分和外文部分。中文部分课程有汉语文、经书、中国史地等等，外文部分包括英文、外国史地、数、理、化、生各种。对每年级正规生的要求是两部都要学习。但中文有一定基础的学生可以在入学考试时，除和应考正规生一样参加规定各门入学考试外，申请参加中文特别考试，报名入学为"专读生"。这中文特别考试包括三场中文作文考试，写三篇不同性质的文章——经义、史论、时事对策。考试及格被录取后，"专读生"可以免修各年级全部中文课程，专读外文课程。这样就可以缩短上学的年限。作难的是，如果这中文特别考试不及格，即使和应考正规生一样参加的其他入学考试各科的成绩都及格，申请参加"专读生"考试的学生，不但不能被录取为"专读生"，也

少年陈岱孙

不能退一步请求改入正规班。我和其他有不同理由的申请参加"专读生"考试的学生一样，都在深切的考虑之后，是以"背城借一"的决心来应之——专读生入学考试的。幸而获录取了。在英华，我以两年半的时间读完了中学后四年的课程。在这四年中，"专读生"还要每月参加一次作文考试；在月底的某一星期六下午，在一教室考场中，写一篇文章。虽然，据说有个不成文的规定，如果每次所写文章的成绩不好，作者有可能被取消"专读生"的资格。但在我的在学期间，似乎没有一个人受过这种处分。

我不知道这一制度后来是否取消，或者何时取消。想来它后来一定是会被取消的。因为这一制度显然是为那些来自私塾的"半路出家"的新生设计的。几年之后，这种学生的来源枯竭了。一般入中学的新生都是经过新式小学校"正途出身"；没有这种要求，也没有这种条件了。

因为，专读生可以用免读中文课的时间来选修更多的一般是高一学期或高一年级的一些课，专读生可大大缩短上学的年限。所以，我能以两年半的时间读完当年学制所规定六年一贯制中学最后四年的课程，于1918年年初毕业。专读生的制度确是缩短了我在中学学习的年限，但也带来了不少在学习上的损失。我就曾在某一学期中，上午上上半部的代数，下午上下半部的代数。虽然事先也作些预先补习的工作，但仍搞得糊里糊涂。不知道当时如何都混得及格，但基础打得不扎实，从此也对数学产生了畏怯的心理，也就断绝了后来曾一度有意学理科的道路。

有一件直至现在我还不明确的事。我不知道我应该算哪一级毕业班的毕业生。我随之在1918年2月领取毕业证书的那一班级，显然不是我于1915年秋季入学时新插入的那个班级。在这两年半的过程中，我经常是上午和某班级一起上课，下午又和另一班级一起上课。但似乎也没经过明确的手续，认为我已从某班级转入或升入某班级。因此，我似乎只有某课某课的同班而不能肯定地说有同属于某级的同级。然而，有幸的是，我随之而毕业的是英华学校在1918年2月毕业那六年一贯制第一个毕业班，我相信，从一开始就没有人否认我这一身份不明的人为级友。

1992年3月9日

乡　声

我原籍福州。1918年至1926年外出求学,期间有六年(1920—1926)负笈国外,只有1919年和1920年暑假回过两次家。从1926年学业结束后,五十多年来,我一直旅食他乡,回里的次数极少。

我最近一次到福州是在1948年的夏天,算起来也是三十五年前的事了。记得,前于此的一次回家是在1932年,和这次相隔十六年。

1948年,我乘飞机在福州南乡机场降落。下机后,我强烈地受到古人曾说过的"童稚皆作故乡之声"的一种说不出的感触,一方面是亲切,另一方面又觉得陌生。这种似乎总是互相抵触,而不太习惯的感觉一

陈岱孙的家乡福州（闽江，马尾港和罗星塔）

直陪伴我在福州一个多月的勾留。

方言的乡声没有变。在1948年，福州的都市面貌，人民生活也似乎和我童年所知道的没甚变化，但我仍然感到似乎有些不可捉摸的东西是在变。只就乡声来说，有一种我青年时所习惯的熟听的，从广义上说也是一种的乡声，这一次却听不见了。这就是闽江上下水船船工们的号子歌声。

闽江流经闽西北山谷中，到了近省城一段江面骤变趋平阔。春夏间江水大涨，上流的木排，夹杂着小木船，随着溪水下放，到了江面平阔的水域，便争流而下。就在这时候，木排和小船上的号子歌声就迷漫江上；先自远而近地越来越响亮，然后又自近而远地从轻到消失。

我青年时所上的那一所中学位在闽江的南台岛上。我们的宿舍北面临江，在春夏间，我们几乎每天下午都听到这来自闽江上游的木排和小船的号子、歌声；沉郁但又带着豪放。当时，我觉得这号子和歌声有一种说不出的感人魅力。

这次回乡，我借住在一位亲戚家里。他的家去我的母校不远，也面临江水。夏天，季候是对的。我期待着再一次领略这难忘的号子和歌声，但失望的是，在我住下的几星期，我根本没有一次听见过这种乡声。我也曾向人打听过，但没人能说出其所以然。也许在当年有这种号子歌声的年月里，他们就是听而不闻，根本对之没有任何印象罢了。

现在去1948年又已是三十五年了。从家乡来的人说，三十多年来，家乡的变化很大。真想有机会能回去看看。虽然童稚故乡之声将仍会是亲切而陌生，但故乡的面貌和生活，都会是虽陌生而更亲切。只是不知道江上的号子、歌声是否终于销声匿迹了。

1984年

（原载《福建画报》1984年第2期）

我的青年时代
——从求学到从教

执笔之顷,首先出现一问题:青年一辞,其具体含义如何。从习惯上说,它似乎上有别于少年,下有别于中年。但从哪岁起,人就不是少年;从哪岁起,他就算人到中年,似乎难于做出肯定的回答。查《现代汉语词典》倒有几条具体解释:少年指"十岁左右到十五六岁阶段",青年指"十五六岁到三十岁左右的阶段",中年指"四五十岁的年纪"。但这又未必尽然。人们可以问,杜工部诗中"甫昔少年日……读书破万卷,下笔如有神",难道指的是十几岁的大孩子?也许古人所谓少年实包括了今日的青少年二辞?中年一辞则更渺茫了。青年的上限为"三十岁左右",而中年的下限为四十岁,则三四十岁之间又将何属?"三十而立四十而不惑",总不能刚到"而立"之年,就算是人到中年罢?

然而既有此一辞,岂就总得有个定义。既是又无定论,是否可以随心所欲自我规定?于是我认为我的青年时代是从十八岁入大学开始,到三十七岁从教十年时终止。在这一时期,我的生活实在非常简单,只是和书打交道。头十年的求学时期,当然是终日抱着书卷。就是第二个十年也是手不释卷以应付教书的工作。当然,还有一些所谓业余兴趣的活动。然而这一段的岁月确是我生平最宁静,虽然最平淡,而也许是最快乐的时期,尤其当回忆起来,是最值得怀念的时期。

我幼少年时代所受的教育是封建时代的旧式教育。六岁入私塾,一直念到十五岁,读的是线装古书,主要是经、史,辅之以诗文。十五岁我考入了一所教会办的中学——鹤龄英华中学——成为三年级插班生(当时中学实行的是六年一贯制),三年级即后来的初中三年级。因为我自认为我汉文有点基础,我报考并获取为"专读生",即免修一切汉文课程。以两年半时间读完了六年一贯制中学的后四年的课程,于1918年春季毕业。我从中学的时候起就立志在中学毕业后一定要升学,于是在中学毕业之日,我就面临着升学选校的问题。在1918年春,我翻阅了当时差不多所有全国有名气的高等院校的章程和招生简章,选定了北京的清华学校、北京大学、南京的金陵大学、苏州的东吴大学、上海的圣约翰大学、沪江大学等几个大学为投考的对象。当时,国内高等院校的入学考试没采取统考的形式而是分别各自招生。为了方便考生应考,各校在考期上,似乎有某种默契,尽量地错开。而一个考生也尽量地参加不同校的入学考试,以期可为一校所录取;而倘为一个以上学校所录取,还可在两校中做出选择。我依照所选几校考期的先后,为自己排出一张应考表。清华当年还不是一个正规大学,而是一个八年两部制的高等学校;中等科、高等科各四年。中等科和高等科一、二年级实为中学;高等科的三、四年级实等于大学的一、二年级。当时这些大学的入学考试,除在其本校所在地设考场外,大都在上海另设考场。这也许是由于上海交通较便,易于吸收生源之故罢。

清华当时的考试实际上是高等科插班生入学考试，在6月中，为各校中最早举行的，从而也是我最先应考的学校。我从福州坐海船来上海，住在当时英、法租界交界三洋泾桥的一个小客栈里。考期大约四五天。考完后，我又乘船回福州；因为其他大学的入学考试都晚至7、8月才举行，我只好做第二次、第三次来沪的准备。必须说到，就是在这第一次应考期间，我在毫无精神准备情况下看见竖立于黄浦滩公园门口草地上一块白底大黑字写着"华人与狗不许入内"的木牌子。在我从前写过（《往事偶记》）的一文中，我说：我当时是毫无思想准备的，因为关于这一类牌子的存在，我是不知道的。我陡然止步了，瞪着这牌子，只觉得似乎全身的血都涌向头部。在这牌子前站多久才透过气来，我不知道。最后我掉头回店，嗒然若丧，第二天乘船回家。我们民族遭到这样的凌辱、创伤，对于一个青年来说，是个刺心刻骨的打击。我们后来曾批判那个年代起出现的所谓各种"救国论"，但是只有心灵上经历这深巨创伤的人才会理解"救国论"有其产生的背景。

我回家后才有人告诉我上海有好几个公园都竖有

同样的牌子，它们都只对外国人开放而对"华人与狗"则是禁地的。但没想到，几年前，我忽然收到上海某单位一不认识的人的信，说他正在从事关于上海历史的研究。有些人告诉他，"华人与狗不许入内"牌子的存在根本不是事实，是臆想的甚至捏造的。但他碰巧读过我这篇文章上述一段的描写。他希望证实一下，这描写的情况是否属实。我复信答以这牌子存在是事实，只要他询问七八十岁的上海居民，恐怕很少没有目睹之者。时间不过几十年，难道历史的陈迹就这样快地被遗忘了？

在清华插班生入学考场里，我遇到了我中学同级但不同班的洪绅同学。他是我唯一来应清华考试的同学，但事前我们都互不知道我们要来应试的。不是我们间相互保密，而是我们于2月间毕业后，就没见过面。我告诉他我报考的是高等科三年级，因为从功课衔接上看，我们中学毕业生的程度恰好接上清华的三年级，他说他报考的是高等科二年级，这样考取的机会也许大些。他这话给我添上一重心事。在中学时，我们虽不同班却是同级。级友的情况，我们是互相了解的。在这同级两班中，有几个级友的成绩是突出的，也是我自愧不如的。洪绅同学的成绩就是突出中的一个。他现在居然不敢报考高等科三年级而考高等科二年级，我是否有点太不自量了。但这时我已无法退步，只有硬着头皮考下去。清华考试评阅的效率很高。7月初我就得到录取通知及全部录取名单。洪绅同学当然也在录取之中。我一方面为自己被录取而高兴，又为洪绅同学的谦虚而惋惜。我们结伴北上。到京后他立即去清华园报到。而我则因在火车上染上目疾，迟至开学后三星期才来校报到。报到后见到洪绅同学，才知道他曾将和我在中学为同级的情况向教务处汇报，并提出升级的申请。由于他入学考试成绩优良，校方特准其升级，又成为我在清华的级友。

刚到清华，我有点掉以轻心。因为在中学时，虽然我承认同级同学中，有好几位成绩都在我上，但我自己认为在某些方面我还有一日之长。在清华入学不久，就遇到学期中考试。我入学晚了近一个月，落下的功课还来不及补上去就参加考试。结果成绩不佳，有一门功课几乎不及格。我才了解到清华当时对在校学生实行严格的淘汰制。从中等科一年级起，每学年年终都淘汰一些学生。到了高等科后，除了每年仍行淘汰外，又历年不断地遴选招收一些插班生。因此，到了高等科三、四年级同学的程度都有一定的水平。由于眼光都看着将来选送出国学习的机会，学习都十分努力，竞争是剧烈的。自是，我对于学习就不敢再有所怠慢。到了这学年的第二学期，我总算是赶上去了，但自度成绩仍然只是中上的水平，而又必须指出，所谓努力学习也只是熟读了课本教材而已。

就在这一学年之末，发生了"五四"运动。在5月4日运动初发时，清华因远处郊外，并没有参加。但是，我们很快就和城内各校联系上了。我最清楚记得的那一次从6月3日开始的全市学生爱国宣传周运动。清华同学分为两批负责参加6月3日、6月4日两天的宣传工作。我被分在第二批。我们第一批同学于6月3日在前门外宣讲时，全体被军警逮捕，拘禁于北京大学的三院。消息传至学校，群情更为激愤。第二天，我们第二批宣传队约四百人，清晨从校出发，乘火车至西直门车站，整队到了西直门。但军警早有准备。我们到时，城门已紧闭，城门外复军警密布。我们领队同学和军警几经交涉终不得入城。于是队部决定全大队改赴德胜门。但是在我们到德胜门外时，城门也已紧闭了。看来这天无论我们转到任一城门我们都只有被享以闭门羹的待遇了。时间已近午，队部乃决定全大队化整为零。每十人组为一小队分赴西直门外、德胜门外及海淀镇，分头宣讲，到傍晚再分别返校。虽然在这次宣传活动中，我只有摇旗呐喊的份儿，但它对于我的撞击是巨大的。我从年前在上海受到"华人与狗不许入内"的凌辱进一步感到我中华民族可能遭到亡国的惨运，加强了某种"救国论"的思想在我脑中的形成。我当时想起的是古书中所说的"足食足兵"的重要性，而积贫积弱是导致横逆以致灭亡的根本原因，从而富强便成为当务之急。这也许是后来受到批判的一种"经济救国论"的萌芽罢。但当时我并不知道赋以什么"救国论"的外衣。我想我们同时的青年对于我们的国家、民族都具有这种狂热、执拗的爱国主义思想是当时中国所处的国际环境所造成的。

1920年，我在清华毕业了。经过甄别，获得公费留学美国的机会，秋天横渡太平洋到美国中西部威斯康星州立大学插入经济系本科三年级，真的以经济学为专业了。

我之所以选择威斯康星大学，当初只由于我听说它的经济系有两位经济学大师，一位是理查德·伊利（Richard T. Ely），一位是约翰·康门斯（John R. Commons）。到了威校后不久，我才知道威校的经济系在当时美国经济学界，属于较为开明的一派。它是被当时正统派目为异端的所谓制度学派的大本营。而以"劳动经济学"权威有名于美国经济学界的康门斯教授则是和托尔斯坦·凡勃伦（Thorstein B. Veblen）、威斯利·克·密歇尔（Wesley C. Mitchell）齐名的三位学派领袖。

在威斯康星大学平平稳稳地读了两年书，1922年夏本科毕业，获学士学位。在毕业那一年，我和清华同级曾昭承同学同被吸收为阿塔斯·阿美克朗·德尔塔·加吗（Artus Omicron Delta Gamma）荣誉经济学会会员，并被授予金钥匙。

必须承认，在威校的两年，我虽然还算不荒学业，但由于美国大学本科的功课一般并不繁重。我当时，实际上，并不知如何读书，除了教材及教员指定少数参考书外，并不旁征博览，不寄太多的时间就可全部掌握并取得较佳的成绩。星期日和寒暑假期，除了第一个暑假，在暑期学校选读了一门法语外，经常和同

陈岱孙在威斯康星大学麦迪逊分校校园（1922）

学到附近地区观光旅行藉以熟悉异国的风俗习尚。因此,在毕业时,多少培养了一种自满之气。

带着这自满之气,我又为了慕名而申请入了美国最古老也是名校之一的哈佛大学,成为经济学系的研究生。在哈佛研究院不到两个月,自满之气被彻底打垮了。从此以后,我才算是开始了真正发愤读书的生活,我才算尝到了读书的滋味。

哈佛经济系当时每年录入的研究生大约三十人,是经过学术委员会在几倍的申请者中筛选的。他们给我的印象都似乎比我们刚从大学本科毕业者年龄大些。询问之下,才知道他们中很大一部分都是从本科毕业,又从事教学或其他工作数年后才申请入学当研究生的。这批人都是决定将来从事教学研究工作或高级经济实务工作者。经济系本科毕业生的程度是不够用的,必须在本科的基础上加深一步。而据我当时的了解,一般的家庭在培养子弟时,只以本科为限。本科毕业后,家长的责任已经尽了。如果子弟还想入研究院,就必须自谋资助的来源。因此,这类学生,在本科毕业后,必须参加一段工作,积累足以维持二三年求学费用之后才能来研究院深造。因之,他们年龄较大,思想较成熟。而更突出的是,由于上学的费用是自己勤工所得节省下来的,他们入学后,以全部时间用在苦读。大学本科生一切课外的体育、文娱、社交等活动几乎全部取消。当然,研究生中还有一些从本科毕业后直接升学者。但他们十之八九都是各大学本科毕业班中的尖子。这情况我在入学后不久就发现了。经济系研究生班有一个自修室,自修室旁边有一个能容纳三十来人的西敏纳尔室。我们这一批第一年研究生,于上课之余,几乎每天都来自修室读书。读书之余,经常相互问难。当论点的分歧激化时,为了避免干扰别人,执辞不一的人就退入西敏纳尔室,关上门,然后大声争辩。这种场合我也有时参加,但不久就有点内怯,感到自己的学识大不如人。我发现,在争辩时,许多人提出的意见、论点都不只限于课堂所涉及或指定参考书的范围,而经常有更详尽、精辟的意见。我经常感到我自己的眼光太窄了、识见太浅了。这种落后的情形必须改变。四年发愤苦读的生涯就是在这压力下迫出来的。从这时候起,在这四年中,我根本没星期日,只有星期七。除了有两个暑天参加中国旅美学生会召集夏令会,用去了二十天外,这几年的寒暑假也根本取消了。

读书的内容也变了。对于专业的书籍，除了教师所指定的参考书外，我以参考书为导线，又读了不少有关的书籍和资料。

在研究生院学习了两年后，我先后通过了法、德两文的第一、第二外国语考试（在美国大学，英文自然不算是外国语）和博士生资格专业考试。按规章，只有通过这两方面的考试后，一个研究生才取得候补博士生的资格，才能有一位认定的导师，才能开始进行作为毕业论文的专题研究。我选定财政学为专业。卜洛克（Charles J. Bullock）教授就成为我的导师。

由于导师卜洛克教授的特别推荐，我获得一个更好的读书条件，被批准在校图书馆的书库里使用一个摆有一小书桌的专用研究小隔间的权利。从此，我就再不去上述的经济系研究生自修室，而每日待在这小隔间里读书。隔间的旁边就是书库中的一排排的书架。我除浏览和我的专业有关的书籍外，还有时兼及于其他有关社会科学、哲学、历史等等的名著。更方便的是，我可以任意从书架上抽出我要看的书，带到小隔间去阅读。阅读后不要再读的书，只需平放在小桌上，晚间书库内的工作人员在巡库时，就会把它取回分别还插原架上。如果我要保留这书，以便续看，我只要把它放在我的小书桌旁边的小书架上，插上一"请予保留"的条子，书库工作人员就不会把书收走。有时到了下午四五点钟，实在累了，我就到图书馆楼下一间名瓦德纳（Widner）纪念室里偷得一二小时的休闲。这是一个罗列欧美文学名著的开架阅览室。入室者不许带书包或书籍，只许浏览本室的文学书籍。在宁静的环境、柔和的灯光下，我有时借此消磨晚饭前一两小时的辰光。晚饭后，我回宿舍，又恢复正经书的学习了。

这四年是我平生一次最长期的、密集式的读书时间，也是我的专业知识最迅速长进的时间，更是我感到读书最有兴趣的时间。我离开哈佛大学，别的没多留恋，就是为这个密集读书生活的结束，有点惘然。

在哈佛大学四年，1924年得了硕士学位，1926年得了博士学位，学业结束了。我的博士论文答辩是在1926年3月进行通过的。我申请并获得清华留美学生监督赵国材先生的批准，预支这一学年余下五个月的生活费，和五百美元的回国旅费，于1926年4月横渡大西洋到了欧洲。

在离开哈佛大学时，我去向我的导师卜洛克教授告别，他殷切地问我将来工作的趋向。我告诉他由于我希望在欧洲做大约十个月到一年的居留，未曾向国内做任何工作的联系。他表示他希望我能考虑入政府部门做有关财政的工作。他说我是他的第二个中国博士生，他的第一个中国博士生是朱忠道。朱毕业时，他就曾希望他回国后，能以其专业的知识服务于财政部门，但他这希望可惜尚未实现。朱忠道博士是清华1914级毕业生，于1919年在哈佛获得经济学博士学位后返国，我到哈佛后，才知道有这一位和我在清华和哈佛两校的先后同学，但我当时从未见过他，也不知他当时在国内的情况。

在欧洲，我逗留了约九个月。其中有三个月在英国和大陆若干国家作短暂的观光旅行。其余时间则定居在法国巴黎，在巴黎大学（Sorbonne）听课。巴黎大学，像欧洲大陆许多国家的大学一样，坐落在城区，教室楼紧靠大马路，楼门大开。任何人，只要行为循规蹈矩，可以不经批准自由进入教室坐下听课。我就是这样地听了几个月利斯德（Charles Rist）教授的货币金融一课的。

1926年年底，资金不继了。买了一张从法国马赛到上海的二等舱船票就不名一文。借了十英镑以为从巴黎到马赛的火车费和海上沿途之用，才勉强成行。海船走了三十多天才到上海，向上海亲戚借了几十元钱，买一张上海到福州的沿海船票，回到了福州阔别七年的家。

在回国的路上，我开始考虑我的前途。我这时，对于这问题的态度，大体上，是无意无必。我知道像我这样的留学生回国后的就业不出经商、从政、教书三途，我对于经商的意愿最少。这时正是我国第一次大革命时代。我于1927年初到上海时，北伐军已占领了武汉。我遇见好几位先我返国的同学都计划奔赴武汉参加革命。我已回家心切，并没把这问题放在心上。

但回到福州老家不久。我忽然接到向未谋面的清华和哈佛先后同学的朱忠道先生的一封电报和一封信。在信上，他说他于前几年去广州参加革命，这次随军北伐到了武汉，现在革命政府的财政部工作。他说，不久前，他接到哈佛卜洛克教授的信，提及了我年前已获得学位，道欧回国，让他协助我找一适当的报效国家的工作。他又说，现在革命形势发展至速，而财经方面的人才至缺，学以致用，他殷切希望我立即赴武汉参加革命工作，亦不负我们导师的希望，云云。得此突来的机会，我心为之动。但七年在外，行装甫卸，想在家多盘桓几时再去。所以我复信给他。谢其关怀，告以实情，表示在家作短期休息后，即去武汉聆教。接着，北伐军又打下了上海、南京。忽然革命形势大变，宁汉分家，第一次革命失败了。朱忠道先生和许多武汉政府人员被迫离汉。朱忠道间道返沪，随即来信，略述事变经过，抱歉地说前信电所及之事现在都成为泡影了。恰在这时候，我接到清华大学的电报和聘书，让我回母校经济系任教。我接受了。8月中动身，先坐海船从福州到上海。在上海，我到朱忠道先生的住处，拜望这位学长。他为我详述了几个月前武汉的情形及政治变幻的经过，并表示他从此绝意于仕进的一途了。听说他后来一直在上海经营些商业并在一些学校兼课。但我们之间再没有什么联系了。

由于当时战事关系，京沪间火车经久不通，我只好改搭由上海北上的海船，沿途经青岛、大连到天津再将乘火车于9月初才到北京。到京之次日，我即去清华报到。系主任告诉我清华已上课两天，我担任三

任教清华之初（1920年代末）

门课——经济学概论、财政学和经济学说史。我翌日即上讲堂,从此开始了我几十年的教书生涯。

在上海候船北上时,我遇见了几位当时在清华上学的学生。他们告诉我不少关于清华教和学的情况。其中有一事和我几十年来从一开始就企图养成的教学习惯有关。他们说,在清华,教师在教室讲课时,经常中英文夹杂并用,尤其是在讲到学术上关键的概念、辞句时总要插进外文原辞。但是在他们所听过课的老师中有一位讲授社会学的陈达教授在讲课时,绝对用中文表达,不着西文一字。同学虽然只是轻描淡写地、当一个小故事讲给我听,但这一事却给我很大启迪。我记起,在我从法国坐船返国的途中,曾沿途在印度、锡兰、马来西亚、新加坡等处停泊时,上岸游览。偶然的机会,我和几位同船旅客在几处参观了当地的学校,并获准在教室中听讲。在多次听课中,我就听到用地方语言和英语夹杂的讲授。当时我就感到十分刺耳。我认为这可能是一个殖民地心态的表现。所以,在听了清华同学这一段陈述后,我立即决定向这位老学长学习。到清华后,我在备课时,把所有讲课中所涉及的学术术语、概念和藉表达的辞句都译为中文。从第一天上课起,在课堂上,纯粹用中文来讲授。只是在必要时,才把原外文的术语、概念等等写在黑板上,当作注释。这种讲授法,在开始时,实在感到十分不便。因为在我自己学习时,这些术语、概念等等都以外文的形式收印在我的脑海中,而在用的时候,也最方便地从脑海中取出而出口成章了。现在则必须经过一度翻译的过程,实在有点别扭。但我仍认为在中国学校的讲坛上,除了外文课或外籍客座教师授课外,一个中国教师用纯粹的国语来讲授应该是一个原则。殖民地和半殖民地所养成的习惯必须予以痛绝。我从到清华教书起,在几十年的教书的生涯中,这是一条自律的原则。

但却有一次,这一原则的执行发生了故障,造成了一次例外。这例外也就发生在我到清华教书的第一学期开始不到一个月的时候。上面说过我在清华的第一学年担任三门课(三门课是当时国内高等学校教授所应承担的任务),每星期共十五学时。其中,"财政学"和"经济学说史"都是每周三学时;而"经济学概论",因选修者有一百多人,分三班讲授故共为每周九小时。清华当年正处于从留美预备学校过渡到正规大学的改制过程中,既有大学制的分系学生又有尚待毕业的两班旧制的学生。我的"经济学概论"一课三班中有两班是大学制的学生,有一班为旧制的学生。上课不到一个月,有一天我上旧制班的课时,发现讲台上有本班同学提意见的条子,大意说,他们毕业后大部分是会去美国学习的。对于文科学生,"经济学概论"是一门基础课。如果现在学习的术语、概念等都已汉语化,对于他们将来的继续学习将有不便之处,可否要求我的讲授改用英语。我觉得这条子所虑者也言之有理。我当时询问诸同学的意见,经举手表决全体同意后,我即从当日起,对这一班全部改用英语讲授,直至学年结束。在我几十年的教学生涯中用英语讲授的就只有这一次例外。这习惯养成之后,直至今日,我对于有人提倡为了提高学生外文程度,在一些专业课中,教师可以不用中文而用外文讲授的主张还顽固地期期以为不可。

我虽然受聘于清华作为教师,也感到教学生涯虽然清苦却也不无一定的兴趣,但无论为何,不能说从一开始就死心塌地以之为毕生事业了。并不是我的导师卜洛克教授的一席话引起了我这非分之想,倒是"学而优则仕"的思想也许是对于我出身于所谓"书香门第"的人物留下的遗毒罢。我真正抛弃了从政做官的思想还是在清华教书二三年间看到官场种种生活，虽然时代已入了20世纪的20年代，仍不失《官场现形记》、《二十年目睹之怪现状》等小说所描述的模型之后才死了所谓仕进之心罢。

我在清华读书的时代已是北洋军阀统治的时代。"五四"运动已充分揭露了北洋军阀腐败、无能、丑恶之相。离开七年之后回到北京，当官的形象不但没有变好而只有变坏。北伐成功，北洋军阀消灭了，南京的新朝又复如何？我于1928年、1929年两年暑假，由于我的一位叔父在南京最高法院工作，借回家之便，都去南京看他们一家，也顺便地看看不少在政府工作的同学、朋友。必须说，官场的风气似乎有胜于旧军阀政权者，然而宦海的积习、人际的关系实在令人望而生畏。我想起少时读《孟子》一书有"胁肩谄笑，病于夏畦"一语。做官实在太累了。我由之得出的结论是，我不是做官的材料；在这以后，我才真是绝意于所谓仕进，以教书为我安身立命的事业了。

但我却有一次和官僚机构发生一短期关系，那就是在1933年夏天我有两个多月的时间，以南京政府派遣出席"伦敦国际经济货币会议"中国代表团专家的名义参加这一会议的全过程。伦敦会议是欧美各国，为了设法摆脱1929年经济大危机之后历久不断的经济衰退困境而召集的一次大规模的国际会议。中国也被约请了。中国代表团团长为宋子文，但他来英是另有所谋，并计划于会议开幕之翌日赴欧返国。团长职务将由特派代表、中国政府赴日内瓦和日本在山东问题上进行斗争的颜惠庆继任，并由中国驻英大使郭泰祺任副团长。中国政府对于伦敦会议无大兴趣。一个贫弱的国家对于这会议的任何问题都根本无置喙的余地。但既被约请，又不能不参加。所以所谓代表团只是从中国派往西欧和驻英使馆馆员中，选拔几个人凑数搭起来的。于是终于发现，代表团中竟无一个懂得经济货币问题的专门人才。我于1932年至1933年，为了研究预算制一课题搜集资料来欧洲，在巴黎住了半年，1933年春转来伦敦。在伦敦会议开会的前夕，颜惠庆、郭泰祺托人辗转找到我，让我作为专家参加中国代表团。我和颜只有一面之缘，那就是在1932年圣诞节时，我曾去日内瓦看我在外交界工作的一亲戚，而在他家中遇到的。和郭，我则根本不认

以中国代表团专家身份参加伦敦国际经济货币会议（1933）

识。但后来郭告诉我是我的老友钱端升教授得知将有此会议又知道我当时或已从巴黎转来伦敦，特写信给郭，告以如有需要可和我联系。鉴于当时代表团组创的情况，而我也有借此以了解这会议内容的思想，我接受了这一约请。在会议大约两个月开会的时间，我几乎天天参加大小的种种会议。会议因美总统罗斯福公布其"新政"的釜底抽薪的一着，受到致命的一击。前此希望通过国际协调解决各种国际经济问题的意图完全破灭了。会议匆匆宣布结束。各国代表团纷纷回国。我尽几天之力写一份参加会议的总结报告交给颜、郭，也随即搭船横渡大西洋到加拿大参加一个民间的国际会议——太平洋学会国际会议——后就回国继续我的教学生涯了。

早在1928年至1929年，亦即我来清华工作的第二年，清华的经济系已经是有了从一年级到四年级的学生一个完整的学系。各级应有的课程总算都开起来了。在这头几年，我整天忙于教书、备课。清华当年的制度是每一教授每学年都得担任三门课，每星期不得少于八至九小时。兼任校某行政职务者可酌免一门课。我因在1928年起兼任经济系主任，1929学年起复兼任法学院长，每学年只担任两门课。

在清华园新林院 3 号住宅门前（1936）

但我当时深深感觉到大学中一个待决的问题是教材。我们许多学科——例如经济系——的课程因袭者都是西方国家的名称和内容。但是我们自编的各科教科书都几全付阙如，更说不上可供进一步学习、参考的专著了。当时城内高校采用的主要是讲义制，将教员在讲堂所讲的择要编印给学生。清华因为外文基础较强，索性直接使用外文教科书。这一缺点在我当时思想中一直是一个急于解决而又不能速决的问题。在经济系的各课程中，我认为我有责任对我所专任的财政学一门作一尝试。

我的计划是以国家财政预算制度一课题为突破点，然后再进入财政学中各方面专著的编纂，以构成一个较全面的、结合中国实际的财政学教材系列，但在预算制度比较研究的第一关前我就遇见了困难。关于英、法、美、苏几个典型国家的材料，在我们国内几乎是全缺，而在国外，系统的论著亦复少见。因此，我只有借1932年至1933年休假的机会去法、英两国从搜集原始资料做起。在这两地的九个月中，我用买、抄、读、记的形式搜集了不少资料陆续分批寄回国内。1933年，我从加拿大回国后，虽然教学行政任务占了不少时间，仍然对之进行整理，还写出一些章节的初稿，一起分存在我新林院三号的家和新图书馆楼下我的办公室的书柜内。

1937年抗战爆发，一切全变了。"七七事变"时我在校内。十几天后，我和张奚若、浦薛凤、陈之迈几位先生去庐山开会（梅贻琦校长已先去南京，由南京去庐山），会后我和张、陈二人下山北返。车到天津，平津战役恰于是日凌晨爆发，交通断绝。我们困在天津一旅店中，直至平津全部沦陷，火车交通恢复才回北平，暂住城内一友人处，电话和在梅校长尚未回校时维持校务的校务会议诸同仁联系，同仁们因城郊交通没有保证，不让我返校而来城内和我一起开一个紧急校务会议，让我立即返津南下和梅校长商量迁校事宜。这就意味着我得抛弃我在校内的家，包括我研究课题的草稿和全部原始资料。我当时是有点犹豫的。但一转念，这次爆发的战事关系我民族的兴亡，打仗总得有损失，我只可当为我的家已毁于炮火。当即决定不返校寓，翌日即回天津，由天津乘船到青岛，搭火车到济南转南京。到南京后才知道教育部已商定北大、清华、南开联合在长沙成立临时大学；三校校长已于数日前赴长沙。我和陈之迈先生找到了胡适先生等人也奔赴长沙。

到了长沙我自顾真是一身之外别无长物。在长沙上了一学期的课，1938春匆匆和朱自清、冯友兰先生等人坐长途汽车出广西的镇南关，假道河内转赴云南。到了云南又在蒙自上了一学期的课，再返回昆明。到昆明不久，我才得到消息，清华园的校舍为敌军所侵占，公私财物全被毁掠。我的家当然是在劫难逃。这本来是一件意中事。我虽然在一闪念间，想到我所搜集的关于预算制度的资料和一些手稿的命运，却从之逐渐有了现实感。战事不是短期可以解决的，而战后的岁月是否允许我仍然可以重圆我以前自己规范的旧梦完全是个不可知之数。这也许是一种锐气消磨的表现，或者是人到中年的一种觉悟。但无论如何，应该认为，到1937年抗战军兴，就宣告了我青年时代的终结。

1994年4月

（据手稿刊印。原载谷向阳主编：《青春的旋律——中国名人谈青年时代丛书》，中国友谊出版公司1994年版）

三四十年代清华大学校务领导体制和前校长梅贻琦

一

从二十年代末起，在清华大学，除了有一个分别以校长、各学院院长、各学系主任为首的校、院、系三级教学、事务、行政结构外，还逐渐形成了一个和这个结构并立的、不同于当时由校长独揽一切权力的新领导体制。到四十年代，这个体制在清华大学已实行了近二十年。在这期间，还包括一段西南联合大学的历史。但西南联合大学校内领导体制和清华大学有相似之处。清华大学的领导体制，在西南联大期间，仍然发挥作用，制度的延续性并没有中断。

在三十年代中期，就有人称清华的这个体制为"教授治校"的典型。但是在清华大学内部，没有明确地提出这个口号。这个体制与其说是在一个明确的口号下有意识地进行改革的产物，不如说是在二十年代末的历史条件下，为了应付环境而逐渐演化形成的产物。这环境有的是清华大学所特有的（下面将提到）；有的是当时各高等院校所共有的。因此，到了三十年代中期，这个潮流也有了一定的市场，并在一些院校中有同样的表现，虽然由于各校的情况不同，其表现形式和发展程度也不尽相同。

清华体制是否可算"教授治校"的典型？"教授治校"本身的功罪如何？在此不做评论。但无论如何，清华体制是当时这个潮流中较早出现的，对于当时高等院校内一长专制的传统起了一定的冲击作用，在中国教育史上，应该说，占有值得叙述的一页。

清华大学前校长梅贻琦先生对于这个体制的形成和巩固起过一定的作用。梅于1931年年底起任清华校长，直至1948年冬。清华的这个体制是在他的任期内得到完全的确认和巩固的。必须指出，这个体制，在当时南京政府教育当局看来是"土制度"，在许多方面没有法令、规章的依据,而且有些还和那时的法令、规章相抵触。所以,如果当校长的不承认这个体制,他也是可以振振有词而得到教育当局支持的。三十年代中期,蒋梦麟从教育部长下台来北京大学任校长时,就曾针对当时正在清华形成的体制宣称他主张"校长治校,教授治学"。他这个主张其实也无可厚非。如果校长能真正地把校治起来,广大的教师是不愿多管闲事的。但在动荡的三十年代,至少在清华,是不具备这条件的,梅贻琦先生对于这一体制在清华确立的作用,正在于他在整个十八年校长任内对于这一体制的赞同和扶植。

促使这个体制在清华大学形成的因素至少有两个。其一是在二十年代末到三十年代初年间,清华没有校长(或者名义上有校长,而校长不发生作用)。在这时期内,校务由一个以教务长、秘书长、各学院院长(除秘书长外,都由教授兼任)组成的校务会议维持。清华是一个年轻的大学;它在1925年刚从只具二年制初级大学程度的留美预备学校改为四年制的正规大学。清华当时的教授大部分都是三四十岁,对事业有进取心,不满足于仅仅是维持现状的局面,他们要求有一个在可以撇开校长的情况下，自动推动学校工作的力量。其次，国民党派系打入学校的阴谋引起了广大教师的戒心和厌恶。他们希望以校内学术自主的口号，对抗来自校外的政治控制。

严格说来，清华校内这个领导体制的形成，始于1928年北伐军到了北京之后。但在1928年以前，就存在着这一体制的胚芽了。

在1928年北伐军推翻北洋军阀统治之前，清华是一个外交部部属学校。当时校内就有一个由全体教授参加的教授会，和一个由教授成员互选的拥有十多个成员的评议会，这大概是仿效美国大学的模式。但是当时这两个机构权限很少，作用更小。两会都由校长召集、主持，只不过是校长的咨询机构。虽然在学年终毕业成绩的审查和学位的授予上，教授会一直认为它的意见是权威性的。

二

1928年8月，南京政府派罗家伦当校长，学校由董事会领导。翌年5月，董事会取消，学校改归教育部直辖。罗家伦来校后，延聘了一些学者充实了教师队伍。但由于罗资历既浅又没有学术地位，在他所延聘的学者和校内原有教师的心目中，罗的威望不高。为了表示愿意倾听教师们的意见，罗在一定程度上利用了教授会。当时清华正处在如何迅速地向完全正规大学过渡的关键时刻，在学制、教学计划、教师队伍、图书、设备、预算分配、大学基金等等问题上，教授会在开会时提出了许多意见，过问的事情多了些；在开始时，罗还表示接受和重视，但不久就表示厌烦，进而发生了一些龃龉。

1929年，清华遵照当时颁布的大学组织法，改前此实行的校、系教学行政两级制为校、院、系三级制，成立了文、理、法三个学院。于是就出现了院长如何产生的问题。根据大学组织法，院长应由校长任命。但教授会认为教务长、秘书长主要是学校行政人员，可以由校长直接任命；而院长作为各学院教学学术工作的领导人，应由教授会公开选举，但为了符合组织法的规定，可于选举后再由校长任命。可能罗家伦在当时已经觉得教授会过问的事情太多了，甚至侵及于明文规定的校长的权限，故在这一问题上提出了异议。但教授会也固执己见。经过协商，双方做了让步。教授会对每一院长公推出两个候选人。校长在两位候选人中择一任命，但在择任时，充分考虑会上票数的差别。从1929年以后，这种决定各学院院长人选的程序便成为清华体制的一个传统。这事情本身并不太大，但它反映出校内学术民主自由和官方政治控制的矛盾，意味着正在形成中的新体制和校长之间的可能的对立。

在行政方面，当各院成立和院长任命后，就正式成立了以校长为首和由教务长、秘书长及文、理、法学院院长参加的校务会议。在这时，原有的评议会也经过改组由以校长、教务长、秘书长和三院长为当然成员与教授会互选的成员若干人组成。这两个机构和教授会构成了清华体制的组织基础。

1930年春，罗家伦由于学生对他强烈不满，同时教师们也不予支持，去了南京不再回来，终于在4、5月间正式辞职。在罗走之后，就开始了基本上由"校务会议暂行维持校务"的局面。当时清华校务会议的成员中绝大多数和南京政治没有瓜葛。校务会议如果不愿仅仅作一个"看守机构"维持维持日常事务，而想有所更张建树的话，就不能不谋求广大教师的支持。这个情况也和当时清华教师不满足于无所作为的局面合拍。所以，在这期间，教授会的地位提高了，评议会的作用加强了，而校务会议则执行着虚设的、受了一定限制的校长的职能。

在校务会议暂行维持校务期间，发生了一些插曲。这些插曲使得清华校内体制的确立带有反政治控制的色彩。

三

1930年春夏之交，蒋介石和阎锡山的矛盾发展为公开的政治和军事对抗，北平一度成为阎锡山的割据势力范围。阎锡山派乔万选来当清华校长。五月间乔带几个人坐小汽车来清华接收，没想到到了大门为清华师生所拒，不得入校。他知难而退，从此就偃旗息鼓再无消息了。

蒋、阎对抗的局面结束之后，南京的势力又达到北平。1931年春南京教育部正式派吴南轩为清华大学校长。吴南轩于是年4月带了一个由若干人组成的亲信班子走马上任。吴南轩是国民党内部以陈果夫、陈立夫为首的所谓C.C.集团中的一个二流人物，他所带来的班子当然是这个派系集团的麾下走卒。C.C.集团一向采取以抓住高等院校为控制学术、思想阵地的策略，清华是他们极思染指的学校，吴来清华是负有这个使命的。当时清华师生对这一企图是十分清楚的。所以，在吴举行的就职典礼会上，就有一位同学从会场中站了起来，对代表"国府"致辞的张继迟到一个多钟头的官僚派头和其致辞中种种荒谬言论，提出质问和批评，使台上诸公窘态百出，只得草草收场。

吴南轩来校没几天，就在院长的任命问题上和教授会发生了正面的冲突。他坚持院长必须由校长全权任命，说过去由教授会推荐再由校长任命的做法是不合法的，不能承认的。实际上，院长任命的问题只是对抗的表面现象和冲突的导火线罢了。对抗的本质涉及更深的政治问题。C.C.集团对于清华校内自成一套体制是深恶痛绝的，因为清华体制所带来的思潮对国内高等院校有一定的影响，是C.C.集团企图控制全国大学阵地的障碍物。吴南轩的任务就是扼杀这个体制，建立校长的全权统治，为C.C.集团对教育、学术的绝对控制扫除障碍，院长任命问题只是打进这个体制的一个楔子。清华大学的学生了解吴南轩所代表的政治势力的意图，坚决站在教师一边。学校罢课了。同学们派代表去见吴南轩请其引咎辞职。吴和所带来的几个亲信企图挣扎，但又怕学生对他有"不礼"行动，于是仓皇躲进城内东交民巷外国使馆区某大饭店，成立"国立清华大学办事处"。吴托庇洋人，平津舆论哗然。南京教育部也觉得吴的行为实在有伤国家体面，赶紧让他辞职，并于1931年7月派翁文灏来清华暂代校长的职务，以安抚所谓学潮。

翁文灏当时是地质研究所负责人，还没有"下海"做官，和当时学界有许多联系。教育部是想借他的无政治色彩的声誉来打圆场。而翁本人虽然并不想做清华校长，但未尝没有以自己作为过渡，使清华顺利摆脱动荡局面的意思。在清华，有不少教授是他的熟人和朋友，而他也是无所爱于C.C.集团的。所以，翁到校后，对校内事务一仍旧贯，不作更张，并立即建议南京教育部把在罗家伦来校后被派去美国当留美学生监督的原本校物理教授兼教务长的梅贻琦调回，任清华大学校长。在梅于1931年11月返校就任时，翁摆脱了代理职务。

上述几个插曲使教师们更加看清了在校外存在着

企图夺取教育学术机构控制权的政治势力，使他们感觉到为了维护教育和学术的民主和自主，加强以某种形式组合起来的校内民主、自主领导体制是十分必要的。这就促进了清华校内领导体制在"校务会议暂行维持校务"期间的迅速发展和确立。

在1930年至1931年间，这个体制迅速形成。它的组织基础就是上面已经说过的教授会、评议会和校务会议。教授会由全体教授副教授组成，在成文的规程上，教授会的权限很简单，只包括：审议教学及研究事业改进和学风改进的方案；学生成绩的审核及学位的授予；建议于评议会的事项及由校长或评议会交议的事项；互选评员。教授会并不经常开会，但对校内发生的大事，教授会是主动过问的。教授会由校长（无校长时，由执行校长职务的校务会议）召集和主持，但教授会成员可以自行建议集会。

评议会是这个体制的核心，以校长、教务长、秘书长、各学院院长及教授互选之评议员若干人组成。互选之评议员人数比当然成员的人数规定要多一人。同时，各院院长都由教授会从教授中推荐，教务长习惯上也由教授中聘任，评议会实际上是教授会的常务机构。它的职权包括：议决大学的重要章制；审议预决算；议决基建及其他重要设备；议决学院、学系设立或废止；议决选派留学生计划和经费分配，议决校长和教授会交议的事项。评议会是校内最高的决策、立法和审议机构。主要的法案、章制都由评议会动议、制订。在法定地位上，评议会还是校长的咨询机构，但由于校长是评议会主席，其他校务会议成员都是评议会当然成员，评议会的决议对于校各级行政领导是有一定的约束力的。如果说清华这个领导体制是当时所谓"教授治校"的典型，则"教授治校"的作用就是通过评议会职能而表现的。

由校长（在无校长时由会议另一成员代理）主持，并由教务长、各学院院长参加的校务会议是行政的审议机构。它的主要职能是议决一切通常校务行政事宜，协调各学院、学系间的问题等。

四

梅来任校长后，也有一个如何对待在他出国的几年中，在没有校长或校长不发生作用的情况下形成起来的新领导体制的问题。无疑地，对一个校长来说，这个体制削弱了他的独断的权力。但梅不但完全接受这个体制的精神，还协助把它巩固下去。他真正如何考虑的，我们不得而知。有些可能的原因是明显的：在出国任留学生监督之前，梅一直是清华的教授，从感情上和对教育的基本观点上说，他和广大教师们是一致的。他平易近人，作风民主，学校大事率多征询教师意见，这也和他的谦虚平和的性格有关。他似和政治无缘，在他就任校长后头几年，连一个挂名的国民党员也不是。在南京他没有政治资本，没有人事渊源。他只有和全校教师们一起才能发挥他的作用。在清华教师中，许多人是他过去的学生或后辈。他们对于他是尊敬的。他也相信广大教师是有办好清华的共同事业心的。同时他也知道力图控制高教阵地是C.C.集团既定的派系策略。吴南轩的拙劣表演虽告失败，但他们是不会就此罢手的，一有机会，还会卷土重来。保留清华这一块"净土"，这是他和全体教师的共同愿望。一个以教育学术民主自由为号召的校内管理体制，在抵抗和缓和外部政治派系势力的侵入和控制上也许能起到作用。

无论如何，梅在受任校长后接受了这一体制，并

清华大学 1932 年度校务会议成员合影
（左起：叶企孙、陈岱孙、冯友兰、梅贻琦、杨公兆、张子高）

加以扶植。在1931年到1937年中，这个以评议会为中心的体制得到进一步的发展和巩固。在理论上，教授会、评议会、校务会议、校长四者之间，在权限和意见上是可以发生矛盾的；但在实际上却没有发生过任何裂痕。校长是教授会、评议会、校务会议的主席。在会上，梅总是倾听群众的意见，而与会的成员也十分尊重他的意见。当然各种会议上分歧意见是不可避免的，激烈辩论也是经常发生的，但梅先生的持重态度却起到稳定的作用。

在此一体制经过六七年的发展中，值得一提的是专门问题委员会制度的广泛应用。委员会并不是什么新的东西，但其广泛的应用却是这一时期的特点。教授会、评议会、校务会议都可以建议决定成立某一专题的委员会，其组织成员由校长聘任。校长为了筹划执行某项行政工作，也可以直接聘某专门委员会。委员会有常设的，也有临时的，但大多数委员会的设立的建议来自评议会。委员会经常通过对某些事情的调查、讨论，为评议会在做出决策时，提供各项资料和可供选择的不同方案等等。当然，对有些具体的事项，委员会也可以直接处理。由评议会建议设立的委员会，有的由评议会成员组成，但更多的是由评议会成员和会外的教职员混合组成，或者全部由会外教职员组成。委员会组织的广泛应用，为评议会分担了一部分工作，减轻了评议会的负担，在一定程度上也扩大了听取群众对校务意见和参加校内管理的基础。

这个体制到了1937年已经定型，一直到1948年，没有什么改变。这里有必要叙述一下1937年到1946年西南联合大学的情况。

五

抗战初期，北大、清华、南开三校于1937年秋先在长沙联合成立长沙临时大学，嗣于1938年春再迁昆明改称西南联合大学。临大和联大都不设校长，而由三校校长——（南开）张伯苓、（北大）蒋梦麟、（清华）梅贻琦——组成的校务常委会领导。在三位校长中，梅的资历较浅。在昆明联大期间，张基本上留在重庆；蒋虽然大部分时间也在昆明，却基本上不问校务，他们公推梅为常务会主席。

不能说梅贻琦先生把清华体制引进了联大，但在联大，一个类似清华领导体制原则的确认和梅实际上主持联大常委会不是没有关系的,虽然联大的体制,在名称和职权的规定上和清华时有所不同,但也不无类似之处。联大也有一个教授会,由全体教授、副教授组成,以常委和秘书主任为当然成员,但明确定为咨询性机构。相当于清华评议会者,有一个校务会议,由常委成员、教务长、总务长、训导长、各院院长及教授代表十二人组成,具体讨论处理校务。常务委员会由三校校长及秘书主任组成,执行校长职务,为校内最高权力机构。要承认,联大这个体制是清华体制精神的一步退却,但这却是不能归尤于梅的。

当然,在当时战火纷飞、空袭频繁、经济崩溃的情况下,谈不上有多少教学、学术方面的积极建树的意见需要讨论决定,学校更多的工作是忙于应付眼前的师生生活、空防和解决不可或少的教学设备等等具体问题。而这些具体问题也更多地由校行政部门负责解决,表面上,常委的独立决定和梅的领导作用更多、更明显了。但校内民主、自主的空气却起着潜在的作用,而在发生一些较大的事件时,这一潜在作用就公开地表露出来。联大教师,除极少数外,均来自三校。在抗战前,校内民主、自主的要求在三校都有所反映。

不满于校长秉承当道、在校内独揽大权实行家长式统治的思想,是三校所共同的。

当时的政治气氛也是一个不可忽视的因素。处于当时所谓大后方的西南联大是不受当道宠爱的。C.C.集团企图控制全国高校的野心,在抗战期间,更为强烈。西南联大是幸免于C.C.集团控制的少数高校之一,但虎视眈眈的C.C.集团的企图是联大师生都感觉到的。梅此时虽已挂名国民党籍,但没有派系背景和支持。他能在联大顺利地主持工作,主要靠联大师生的尊重和拥护。联大教师们觉得梅不是一个政治的"太空来客",而是自己团体中的一员,对于他的为人极为尊重。

同时,在抗战期间,三校名义并没有撤销,而是和联大并行存在。清华大学除了以它大部分的教学力量和设备参加联大的工作外,还保留和创建了若干研究所,在清华名义下进行工作。抗战前形成的领导体制从未因迁校联合而中断,仍然保持其传统。

总之,在清华实行了十八九年的校内领导体制,在很大程度上,是当时环境下的产物。在校内,它有以民主的名义对抗校长独断专权的一面;在校外,它有以学术自主的名义对抗国民党派系势力对教育学术机构的侵入和控制的一面。这一体制的确立和巩固，是和梅贻琦先生长校时的作风和支持分不开的。

1983年

（原载《文史资料选编》1983年第18期）

绥北道上

一个多月前,听说有一位熟人预备组织一个小考察团,沿着平绥路到归绥、包头等处,再由包头西去宁夏、兰州,回折到西安,然后沿陇海路到郑州,由郑州再北转回平,不禁为之一动。记得孩时吃丸药,常常喜欢把外边的糖壳先吃掉,尝一尝里边的苦味。久住在都市中,常感觉得我们沿海省市所谓物质文明,不过像丸药的糖壳,实在的生活是要在这糖壳底下去体尝。还有,我虽然是生长华南的人,而对于江南一带山明水秀的景物,虽非毫不领会,然而实在觉得有点厌倦。反之,塞外的高原、广漠、连延不断的远山、旷野游息的羊群,对于我似乎有一种说不出的神秘的诱性。不幸考察团拟定的路线既是如此之长,时间至少需两个多月,因为职务的关系,我不能偷出许多的时间,所以虽然心中一动,而马上即作为罢议了。两星期前,又有三个熟人,想借双十节假期的机会,到绥远包头北边大青山里去打猎。因为以前我也去过察晋等处打猎,他们也约我一起去。虽然路线短缩了,并且目的既是打猎,当然说不上什么考察,然而既有当初之一动,时间又只有一星期,因之也就痛快地加入了。

我们双十节的前夕,坐平包快车离平。向例,三等车厢中是挤得连座位都没有。我们一行四人,虽然除开猎具外,每人只带提包一只、铺盖一卷、行军床一具——此外还有二大包的干粮食具——聚合起来也就可观。车厢中加上这些物件,更显得了无隙地,而我们这四个人当然几于无所容足了。还好一站一站地过去,下车的人比上车的人多,到了晚间,我们不但有了座位,并且可以斜靠着铺盖卷而假寐了。不过过了大同之后,每数站都有人来盘问,因为我们以前有过同样的经历,在没有登车之前已预备了这一着,每人都放二十来个名片在口袋里,每次盘问的最后一着,都是要一张名片,我们便都很熟练地从口袋里掏一张

在绥北狩猎途中（1936）

名片交过去。盘查者大概是附属于晋绥军的宪兵。晋绥军纪律甚好，宪兵更是十分客气，所以盘问次数虽然很多，而双方并没有任何不快的感觉。在报纸上，我们常看见绥东吃紧的情报，在车上我们和同车者谈话，也听说从平地泉到归绥一带的西北边很不安静。我们车经平地泉归绥途中时，正是夜间。车窗外漆黑一团，什么也看不见。其实就是白天，难说还看见到什么。然而我们还觉得是白天能够隙望隙望总是好些。

我们在双十节的早间到了包头。我们的目的地是包北约一百五十里地的大青山的西北岭。我们四个人中没有一个人到过绥远，所以当地的情形不大熟悉。幸而包头平绥路的职员十分帮忙，许多的事情都由他们代为照料，省得我们许多的事。我们原订计划是当日从包头坐载重汽车到包头北一百二三十里地的固阳县一宿，第二天再由固阳县骑马或徒步北进入大青山。因为近来包北一带稍为有些谣传（二三星期前有一种传说，说有一部分窥伺绥东的察北土匪，将由固阳与百灵庙之间西去进扰绥西，以便与绥东之匪策应），路上的朋友为顾虑着我们的安全，替我们打一个电话问一问保安司令部那边的情形。保安司令部的回话是那边的情形并没有什么变动，不过他们不大希望我们往包北去，如果我们要打猎的话，他们建议我们可以去包西七八十里的某山中绕一绕。我们听见这话当然觉得很失望，因为在固阳方面，我们早已有所接洽。并且我们的目的是要打到几个大角盘羊做标本，其他的野兽并不注意，而据我们所知，只有包北大青山里边有这一种的羊。我们推测保安司令部不希望我们在包北的理由，不外是：（一）怕有什么意外的事情发生，（二）我们的来历不甚分明，包北一带既然常有谣言发生，军事区域当然不容来历不明陌生的人乱跑。对于第一点，我们当然十分感谢他们的好意。不过我们觉得如果有大批匪队骚扰，我们自然见机而退，不会冒无谓之险。如只是三五个坏人，我们每个人有一百颗的子弹也足以使他们有些戒心。所以这头一个理由还是次要的。至于第二个理由，我们觉得如果我们能向司令部说明我们的来历并且详细陈明我们的路线，应该可以得到他们的谅解。所以我们便挽了路上一位朋友，去保安司令部去拜田司令。不巧我们到司令部的时候，他去参加包头各界双十节庆祝会，要到下午才能回到司令部。我们于是也赶往会场去。会场是包头城西南角的大操场。我们到时已是万头攒动,争看各校学生的表演操。我们不久便见到田司令。田司令请我们到来宾茶棚中谈了半个多钟头,我们详细地把我们的来意说明,承他很痛快地答应给我们一张护照,以免途中发生误会。我们领了护照回到车站,以为马上就可以出发,而不想打电话叫车时,包头几部的载重汽车都开往别处去了。到下午三时,好容易才寻得一部轿式旧汽车,而汽车夫看见我们四个人之外还有许多行李,借口天色已晚,路上难走,一定不肯走。我们也觉得行李太多不是一个小车所能载,只能决定在包头下店一宿,第二天拂晓再走了。

客店寻好之后,我们就到城内最热闹的前街去观光,顺便买点小东西。粗野的装束,引起不少街上人的注意。有两次铺子里伙计都问我们是否开飞机的。我们因之记起车上一段的闲谈。这些闲谈所述的事情,我们没有时间去证实,它可信的程度如何,我们不敢说,不过它确是近来绥包一带一个很普遍街谈的资料。一个月之前,平津报纸一度登载日军在包头设立飞行场一节的新闻,而了无下文。在火车快到包头的时候,我们远远看见一架飞机在空中飞行。于是车厢中便议论纷生了。据坐在我旁边一个中年人说，日人飞机近来常在绥包一带飞行，这个飞机说不定又是他们的。我想起前些日子关于包头机场的新闻，就问他，到底这事情的下文如何。他说这事情起始的情形与平津报载的差不多。日人所要擅建的机场是在包头城外不数里一个平原上。虽然当初我们官厅反对，而他们工作进行还是如故。如果当时没有阻碍，这个机场当早已成立了。官厅方面因为口头的抗议不生效力，便于某日夜间由保安队直接占管。监工的日人住在包头城内。第二天清早就有八个监工人来到场所，言语之间与领队官长发生冲突。该监工人便动起武来。领队官长乃下令将八人拘送入城内。后来几经交涉，才将八个人释放，而机场便由保安队驻守，工作也就停止。到现在机场一半已立的间架还可以看得见。说完这一段话之后，这个中年人就很兴奋地说："凡人总要讲理，我给你讲理，你不讲理，蛮干，好，我也不客气，也蛮干你一下子，怎么那，也就没事！"

第二天清早，我们的行李都上了新赁到的小载重车，我们就坐在行李上面。这个车，据说在包头营业小载重车中算是一辆较好的车，然而其破旧的程度也就可观了。开车的是个天津人，并且是一个基督徒。他双十节那一天从包西五原地方刚载货回包，今日就要走远路。他自己说这个车许多机件都松了，要不小心，路上恐怕出毛病。他又说今天是安息日，照说不应工作，如果路上出什么毛病，牧师又有话说了。果不其然，我们车将出北关缴验护照的时候，车厢中的破布着了火。如果发觉得慢，也许要出个乱子。因为车厢旁边还有两大桶汽油，而车上还有数百颗猎枪子弹。把火弄灭，车的发动机又摇不动了。我们只得下车，把车推出城去。推了几步，发动机动了。等到我们上车，它又不动了。城外北去的路是上坡的，不宜推车，于是车夫又转过车头，我们又帮着推进城去。如此推来推去，花了一点多钟，总算是推走了，而出城之后，走了二十分钟的路，便得打住修理机器。我们走的路虽然名为可通汽车，而其实是普通的大车路。不过绥北大车是宽辐的，汽车的左右轮刚好可以放在大车轨中，虽然车路是沿着山脚山沟里边走，而多少总有点起伏高下。顶在行李上面的我们真是"时虞陨越"。

出包头北关时，我们车上多了两位搭客。一位是穿便服类似小商人的年轻人，他一直同我们到固阳去。他后来行动似乎证明他不是一个商人，而是陪我们去的。不过他很活泼，遇见车子发生困难时，他很出力帮忙，所以我们的感情倒融洽得很。还有一个是军人。他是到包北若干里某一个地方去。即将到他目的地时，我们想叫我们汽车绕点路，直送他到达，他一定不肯，我们也不便勉强。这个时候，我们车是在一个山沟中绕着走。两边山峰高耸，形势颇为险要。我们因为赶路，不敢多做盘桓，不过在车上四周环顾，稍稍领略而已。

在包头北边约六十里地有一个山缺，本地人叫作坝。汽车到此，要沿着山边斜上，到山腰，再回头一转折，再沿着山边，直上过这个山缺。过了这个山缺，再走不多路，便是一片高原，一直到固阳。我们因为车上行李甚重，并且汽车在路上又常有毛病，决定下车步行过坝，以减轻车上的重量。汽车到坝下，开足马力往上直冲。不想头一段的斜坡还没有走了一半，发动机又停了，车子便不进而退，往下倒溜，车闸复坏，开车的简直没有法子收住，眼看就要溜下坡来。开车的一着急，极力地把车往里边拐，拐到里边的石沿上，只听得隆然一声，车子翻了，车上的行李都倒出来。这个时候，我们还在坡下慢慢地向上走。第一个感觉，就是开车的一定伤了，或者开车的伤势不重，车子也一定坏了。一刹那间，我们臆想夜间在山边露宿的滋味。然而等我们赶到车子翻处时，车夫已经从车厢中爬出，一无所伤。他第一句话就是"有耶稣的保护"。我们再查看汽车的机器，似乎也没有什么损坏。于是最急切的问题，就是把这个翻倒的汽车扶过来。车夫建议先由我们几个人试一试。可是车身太重，我们乘客和大小车夫七个人的力量，不能将其扶正。只好暂时休息，再想其他办法。大约等了二十分钟之后，坡上来了几辆大牛车，有这几个赶牛车人的帮忙，我们居然把这个车扶起来。车夫上去试一试发动机，一摇即着。这一翻反而把机器翻灵了。为避免再有同样的事情发生，我们还请这几位赶牛车的朋友帮着我们推着车子上坝。可是只推过一半以后，机器的力量已经能自己直上无阻了。过了这坝，不多路，就是一片高原，车行倒甚顺利。不过车闸还是不行，所以每遇下坡的时候，车夫就没有法子管制，只好让这车子一直溜下去。而每次经过这种经验之后，他总是笑一笑，摇摇头,说一句"有耶稣保护"。我们因为他有这种信念,也得到一种安慰。而同时又怕他的信念太坚,真的什么都靠着耶稣,那就有点麻烦。

当日下午三点我们才到固阳。同行者在没有去之前,已经有一封信给当地天主堂神父请他替我们接洽一切。到了固阳之后,我们一直驱车到天主堂拜会这位神父。固阳人口不过六千余人,而有两个城,一个是新城,两城相距不过一百多码。旧城是天主教徒居住的区域,居民约一千余人。区域的四周有城堡围着。天主堂就在这个旧城的中心,而神父也就是这城中最受尊敬最有权力的人。新城人口约五千人,县长公署及其他官署等都在新城里。新城的城墙像是新修的,城外还有一二在修筑中的碉堡。我们拜会神父的意思,就是看我们托他介绍跟我们入山做向导的本地猎户来了没有。大概神父看出我们面有饥色,所以极殷勤留我们吃一顿饭再入山。吃饭的时候,我们与他稍微谈谈本地的情形,和新旧城的历史。据说新城前不多年还是很荒凉的,前几任的县长的家眷都是住在天主堂内厢房中,近几年来新城人口才逐渐加多,县长也住在城内了。因此他就问我们要不要见县长。他说县长同他很相熟,如果我们愿意的话,他可以请他过来谈谈。我们说我们想于回来时到县署去一拜县长,现在我们觉得以不惊动为妙。说话之间,外边报道县长来到,我们稍为觉得有点窘。谈话之下,我们才知道这位县长是北平师大的毕业生,到任只有一年半。最使我们感兴味的,就是他说这一年半来,倒学会骑马和放枪二件本事。我们因为预定的目的地是在大青山西北岭中一个山沟,去固阳还有三十里的山路,太晚了不大好走,所以匆匆别了县长和神父,同着两个向导和一个厨司上道。这几个人都是天主教徒,并且都是很有经验的猎户。我们所预定的山中的居停所也是神父介绍的,当然也是天主教徒。因为动身稍为晚些,我们终于不能在天黑前赶到目的地,而只好在山脚下一个小村落里先借宿一宵,预备次早入山。

我们的目的地,名义上是一个村,而其实只有一个院落,中间住了三四个家庭。我们居停共有里外两间的房子。他把里间让给我们,自己一家人睡在外间大炕上。里间房子只有外间一半大,除开一个大炕外,便只有十二三尺长三尺宽的余地。像北地普遍的布置一样,炕头就是瓮,煮好东西,就在炕上吃,瓮中的火气又可以做暖炕之用，倒也合适得很。就是一样，本地不但没有柴火，便是稻草一类的燃料也都没有，只好以牛马粪代薪，所以院子中遍地是牛马粪，以待太阳晒干。而干粪烧起来，虽然不十分臭，然而也不十分好闻。

我们在山五日，每天都是天明而起，吃点东西就出发，午时在山上略进干粮，下午早则四点，迟则六七点回来。平均每日翻了六七十里的山。头二天的确是累得要命，第三天之后便渐渐相习，可以多走了。我们三个向导都是民团团员，绥北一带，似乎借重于民团者不少。而这三个人对于本地情形也相当的熟悉，所以在走乏休息的时候，同他们攀谈也觉得颇有趣味。我们房子是在一个山沟里，房子的后面是一座大山。山上有一道高不过四尺的颓垣。我的向导告诉我，这就是万里长城。我似乎没有听说过阴山大青山岭上有长城的遗址。不过，在山的最高峰向西望，这道墙倒是随山起伏，一望无际呢。三个向导中间有一个是有嗜好的。我问他为什么年纪轻轻的一个人会染上这种习惯。他说："在我们这个地方，一两好土，只卖五六毛钱，吃两口玩玩的多得很呢。"确实的，住在我隔壁一对青年夫妇，整天是一榻横陈，过这个吃两口玩玩的生活。而在每晚我们吃完晚饭预备睡觉的时候，我们的外间也送进来一股刺鼻的香味。

五日的成绩倒也不错，而兴趣也尽了。照预订计划，我们又回到固阳，谢过神父，我们赴县公署投一张名片之后，依然坐前此送来的汽车回去。经过开车数日的修理，车走得顶顺利，只走了四个钟头就到包头，路上一点毛病没有。因为要坐早上的平包通车，所以是晚在包头又住了一宵。原来想去参观民生渠，和一位段先生所办的河北移民新村，因为天晚，来不及了，没得去。

平包通车是早上10点钟自包东开，经过归绥、平地泉一段正是白天。在平地泉附近铁路北边山上——去铁路不过一二百米——掘有壕沟及其他设备，坐车厢中，可以看得很清楚，不禁有寇深矣的感觉。这也就是来时夜间过此段时未能证实的臆想。

1936年

（原载《独立评论》1936年第225号）

笳吹弦诵情弥切

提到西南联大的历史，大家都习惯于说"联大八年"。实际上，这与历史时间不尽吻合。因为自1937年7月底平津沦陷后，北大、清华、南开三校就奉教育部颁发的抗战期间设立临时大学的指示，筹组临时大学第一区（地点确定长沙。此外尚有第二区、第三区，分设于西安等地）。8月下旬，教育部正式任命张伯苓、梅贻琦、蒋梦麟为长沙临时大学筹备委员会常务委员，杨振声为临时大学筹委会秘书主任。至此，长沙临时大学正式宣告成立。长沙临时大学是昆明西南联合大学前身，二者密不可分。因之西南联大的历史应自1937年8月长沙临时大学成立开始计算。西南联大的结束日期，一般都认为是1946年5月，这也不尽确切。5月4日学生结业，5月10日联大开始向平津迁移，但直至7月31日，梅贻琦常委主持西南联大最后一次常务委员会，才宣布西南联合大学至此结束。因此，自1937年8月底至1946年7月底，西南联大先后整整存在了八年零十一个月；以学年来计算，应该是整整的九学年。

一般说"联大八年"，一种可能是因为我们习惯于说抗战八年，联大既然是与抗战相始终，因此也随之而称联大八年。另一种可能是因为大家都未曾仔细核算过，认为大概是八年零几个月，或顶多是八年半，取整抹零，便笼统称为八年。这是大家相沿的习惯，也没有什么不可以。但如果我们要写西南联合大学的校史，还是应注意历史实际与习惯上的矛盾，不能顺从习惯，忽视历史实际。

我们联大师生是否常有这种遗憾：西南联大只有八年（或者只有八年半），可惜，联大的实体已不复存在，前无古人，后无来者。对此感到颇有些遗憾。其实，这种遗憾可以不必有。西南联大，是否只有历史成绩而没有实体呢？

在从长沙迁往昆明的途中（1938）

西南联大是某种特殊历史条件下的产物。联大存在八年多，为我国培养了很多人才。这个成绩是客观存在，但是这个成绩也属于历史的过去。过去是不可追的，时间是不会倒流的，所以我们不必觉得有什么遗憾。历史造就了一个前无古人、后无来者的西南联大。我们就站在这个地方，也就是西南联大的实体。

我们有的时候是否有些把西南联大的历史神话化了？说西南联大"后无来者"，从某方面来讲，是否多少意味着认为继西南联大以后的高等学校，其成绩都赶不上西南联大？

当然，我们不会这样想。

社会是发展的、不断进步的，我们的国家、中国的教育事业也是发展的、不断进步的。作为特殊历史条件下的特殊历史产物，西南联大这样屹立于民族国家危亡中的流亡大学，历史也决不允许它后有来者。但作为历史发展的客观规律来说，像西南联大这样有成绩的高等学校，应该是有无数的后来者。祖国的教育事业是与日俱增的。联大在当时的历史条件下做出了成绩，我们更希望联大以后的学校不断发展，长江后浪推前浪，百尺竿头更进一步。

我们衷心希望，在联大之后的其他各校，包括北大、清华、南开、云南师大所培养出来的学生，比我们联大培养得更好。中国教育事业的成果如何，决定着我们国家的命运。我们都有这种宏量与愿望，希望继西南联大之后的各高等院校，超过西南联大。希望永远寄托于未来。

1987年8月30日

（本文原为《笳吹弦诵情弥切——国立西南联合大学五十周年纪念文集》代序）

抗战中的西南联合大学

经西南联合大学北京校友会十几年的努力，西南联合大学校史的编写工作终于完成，可以付梓了。

西南联合大学是在我国抗日战争期间，由北平的国立北京大学、国立清华大学和天津的私立南开大学南迁联合办的学校。先以长沙临时大学的名义在长沙组建；一学期后，迁昆明，改称"国立西南联合大学"。西南联大（包括其前身，长沙临大）成立于1937年8月。抗战期为八年。联大则在抗战胜利后一年，1946年，才告结束；三校于是年秋季才各自返平津复校。

抗战军兴于1937年7月的"卢沟桥事变"。在"卢沟桥事变"后的半个月，虽事态实已严重，但在表面

1941年4月,清华大学30周年校庆,
清华大学校务会议成员在昆明迤西会馆合影
(左起:施嘉炀、潘光旦、陈岱孙、梅贻琦、
吴有训、冯友兰、叶企孙)

上和战尚在未定之数。当时执政当局曾在这半个月中召开过一串的所谓庐山会议,邀请一些国内知名人士,征询、商讨和战对策。参加会议者,从主会者在会议结束总结发言所说的"牺牲不到最后关头,绝不轻言牺牲"一语中,意领神会地认为这次事变仍将以妥协而暂告无事。北大、清华、南开三校长,在参加庐山会议下山之后,没有立即北返,而逗留于宁、沪,未始不和这心理有关系。然而,就在这时候,平津地区战局恶化,北平、天津相继沦陷。趁着三位校长都在南京之便,教育部于8月中旬决定让三校联合在湖南长沙组建一所临时大学。

可以想象到,所以选择长沙作为校址,是从办此新校的物质条件出发的。在"卢沟桥事变"前两年,为了给预测的应变作准备,清华大学曾拨巨款在长沙岳麓山山下修建了一整套的校舍,预计在1938年初即可全部完工交付使用。此外,为南迁所做的另一准备是,在"卢沟桥事变"前两年的冬季,清华大学从清华园火车站,于几个夜间秘密南运好几列车的教研工作所急需的图书、仪器,暂存汉口,可以随时运往新校。

没料到,京沪前方战事急转直下,长沙临时大学在长沙只一学期，就不得不放弃上述原先作为办学有利的条件而迁往昆明。到了昆明，校名改为"国立西南联合大学"。此时，我们一方面意识到抗战不是一个短期的事；另一方面，又意识到联大真是成为一所被剥夺了办学物质条件的大学了。除了勉筹资金自盖了几十栋砖土墙、茅草顶的平条房外，联大的其余校舍都是或租或借自各地在省会的会馆和城内外的各级学校。益以，原在汉口暂存的由清华园秘密南运的可供急用的一大批图书仪器，在从长沙迁校入滇的同时，也从汉口沿长江水运到了重庆，俟机转滇。忽遇到一次敌机对陪都的空袭，部分炸毁。难怪当时有和联大同仁至熟的教育界人士，对其朋友的子弟做"不必报考西南联大，联大教育不出好学生"的劝告了。

但回顾一下，不久人们就不得不承认西南联大，在其存在的九年中，不只是在形式上弦歌不辍，而且是在极端艰苦条件下，为国家培养出一代的国内外知名学者和众多建国需要的优秀人才。西南联大，这所其实体虽然今日已不复存在的大学，但其名字所以能载入史册，其事迹所以值得人们纪念者，实缘于此。

我们不得不把这成果归功于同学的求知愿望和教

职员的敬业精神。而这二者实植根于以爱国主义为动力的双方共同信念和责任感。其一，为联大师生对抗战必胜的信念。尽管，在这抗战八年期间，前方战事有时遭到挫折，但联大师生对抗战必胜的信念是绝不动摇的。"楚虽三户，亡秦必楚"，我们终究要"驱除仇寇，复神京，还燕碣"的。其次，是联大师生对国家和民族前途所具有的责任感。联大预测到，胜利之后，满目疮痍，百废待兴，我们国家此时将需要一大批各方面的建国人才。"中兴业，需人杰"，责无旁贷，我们要承担起提供这人才的重任。

这二者：身处逆境而正义必胜的信念永不动摇；对国家民族前途所具有的高度责任感，曾启发和支撑了抗日战争期间西南联大师生们对敬业、求知的追求。这精神在任何时代都是可贵的，是特别值得纪念的。

在纪念抗日战争胜利五十周年之际，以这本对我国教育史上虽是短暂但毕竟光辉的一段史迹的陈述，作为联大人抚今追昔对历史的献礼，应该还是有其现实意义的。

1995 年 6 月 17 日

（本文原为《国立西南联合大学校史》序）

西南联大校舍的沧桑

经过八年的艰苦抗战,1945年8月15日日本宣布无条件投降。由于平津三校校舍破坏严重,修缮需时;益以战后复员,交通工具奇缺,西南联合大学决定推迟北返,仍于1945至1946学年在昆明上课。1946年5月,学年结束,学校开始向平津迁徙。但直至7月31日梅贻琦常委主持西南联大最后一次常委会,才实际上宣布西南联大的正式结束。西南联大在结束时,把在迁滇后1938年8月奉教育部令增设的师范学院留在昆明,由云南省接办成为国立昆明师范学院。西南联大在昆明西北城外一片校舍,也就顺理成章地留交昆明师院作为它的校舍。于是,随着西南联大本身历史的结束，联大校舍这一名称也就名之不存，虽然在是后的头几年内，还有些路过这一段北城外环城马路的人，会对这一片不起眼的建筑群，指指点点，称之为旧联大校舍，并道出对当年值得歌泣往事的怀忆和留念。

西南联大和其前身的长沙临时大学只有九年的历史，但它的校舍的变迁、经历，却实际上显示了在抗战期间，一个流亡学府颠沛流离的沧桑史迹。

西南联大的前身是长沙临时大学。临时大学是1937年抗战爆发平津失守后，由当时参加庐山会议未及北返、滞留南京的南开大学校长张伯苓、北京大学校长蒋梦麟、清华大学校长梅贻琦和南京教育部商定组建，并以长沙为校址的一所战时联合的大学。

临大以长沙为校址的主要理由是校舍有着。在抗战爆发两年多以前，鉴于华北情况紧迫，战事恐终不可免，清华大学决定停建原拟在清华园西园修建的一座规模较大的文、法学院教学大楼；将全部五十万元的修建费投入经勘定、购买的长沙湘江西岸岳麓山下一大片临江地皮，修建包括有教室、实验室、宿舍等一整套的应变校舍，立即动工。清华大学，在1936年冬天，还把经过选择的书籍、仪器，在接连好几个深夜，从清华园火车站运往武汉暂存，也是预备一旦战事爆发校迁长沙时，可应新校教学研究的急需（在长沙临大成立后不久又决定迁滇时，这一部分书籍、仪器才又从武汉船运至四川重庆，并在一次敌机空袭中全部炸毁）。

可惜的是，当长沙临时大学在长沙组建时，清华长沙校舍尚有各楼房全部内部装修这一重要工序没有完成，无法立即利用。因此，临大不得不和当时其他流亡学校一样，面临着寻觅临时校舍的问题。经当时湖南省教育厅长朱经农的协助，临时大学租得了因战事骤起而暂时停办的基督教会的长沙圣经学校的长沙校舍和其在南岳的暑期校舍，以应临时的急需；前者作为临大法、理、工学院的校舍亦即校本部，后者作为文学院的校舍，称为长沙临时大学南岳分校。这一租赁本来是一临时措施。清华岳麓山下新建校舍的末期工程预计可以在1938年春完成。届时，这个校舍将完全归临大使用了。

但到了1937年年底，沪战失利，南京沦陷，长江中游告急，长沙震动，临大在长沙上了一学期课之后，经教育部批准，又于1938年迁到昆明。是年元月，北大校长蒋梦麟率领几位同仁就先到昆明，负责组建工作，旋即奉命改长沙临时大学为西南联合大学的新校的先遣工作。先遣人员的首要任务就是急于寻找、租借可供利用的临时校舍。昆明本为后方名城，但绝不可能再有一套可供联大两千多师生驻足的如长沙圣经学校那样的现成校舍。在云南省政府的大力协助下，西南联大先租下了昆明东南城外迤西、江西、全蜀三个会馆为立足地；继向昆明西北城内外的昆华师范学校、昆华工业学校、昆华农业学校、昆华中学等由于战事关系开始初步疏散下乡的一些学校，分别借些教室、宿舍，期于凑成一个分散但够用的校舍。但这东拼西凑的借贷的房室，仍然不足以满足来昆的全校教学和生活的需要。幸而，经有心人的及时推荐，先遣同志在昆明南边蒙自县城的近郊找到包括原蒙自海关、法国领事馆、法国东方汇理银行、法国医院在内的、又连一片的、可供租赁的空闲公房；外加其附近的、由法籍希腊人经营之歌胪士洋行附设的、适合于作为师生宿舍的一所假期旅店。除了洋行的旅店外，大部分房子的房租都只是象征性的——例如，海关全部的房子的年租金只为法币一元。

在大部分师生到昆之前，联大当局做出决定，昆明城东南隅的几个会馆和其附近的盐行拨归工学院使用；而西北城外商借自各专科学校和中学的分散校舍则归由理学院使用。联大的总办事处则设在昆明城内崇仁街一大宅子内。这分散在东南、西北城内外，寄人篱下的各校舍的综合，构成西南联合大学的总校。文学院和法学院迁往蒙自作为联大的分校。蒙自分校所租赁的各公房皆年久失修，剥损殊甚，经简单修理于1938年4月交付使用。文、法两学院师生当即陆续由昆明搬来蒙自，于5月上课。但分校开学后不久，我们获悉空军拟在蒙自设立分校，需要征用我们分校的全部的校舍以及附近的空地以为机场。联大总校指示文、法学院于本学期结束后，让出全部校舍，迁回昆明。蒙自分校的学期考试于1938年7月底结束，分校遵命于8月全部搬回昆明。两院师生只好暂时和理学院的师生挤到本来就不宽敞的各校借来的宿舍里。8月底，有人介绍距昆明四十多公里的晋宁县有个据云可容两千人的盘龙寺可作为文、法学院的校舍。但经联大派人勘察，寺内房屋并不多，除几个殿堂可辟为五六个教室外，其余屋只能容二三百人作为宿舍之用，与我们的需要相差甚远。

1938年9月28日，昆明遭日军飞机第一次空袭轰炸，邻迩北城墙的昆华师范学校校舍中了好几个炸弹，联大在昆师所借用的宿舍两座楼亦为波及。从这天起，空袭频繁，人心浮动，昆明西北城内外之昆师、昆工、昆农、昆中加紧疏散下乡，腾出大部分的城区校舍。于是联大才得从这几个学校又分别多借用几座教室楼和宿舍，以应1938学年度开学的急需。所以在1938年学年开始时，在昆明西北城内外所谓西南联合大学校本部者只是分散在各校中借用的教室、宿舍的综合称呼，联大并没有自己的校舍可言。

但是，联大从到昆明之日起，就决定要购地自建校舍，作长期居留的打算。经在昆明城郊及附近各县多处勘察后，最后决定购买一片约两百亩的昆明西北城外，南迩昆明北城墙，北接一丛葬的大山坡的土地，作为总校的新校址，以容纳联大原有的文、理、法三学院及校总部各行政机构（联大工学院仍继续利用城东南拓东路租赁的几个会馆为校舍。拟议中新成立的师范学院则已先借昆华中学为校址，嗣于1940年秋迁到昆华工校），并委托前在天津基泰建筑公司工作的建筑师代为设计。1938年秋末，校舍的草图已出。地狭，又限于经费，设计中的校舍只能是分建在横贯这块地的一条东西南的城北环城马路南北两侧的一套高两层、砖木结构的简单楼群。南区地较狭小，计划为理学院各系教室、实验室、办公室所在地。北区则计划为图书馆，饭厅，文、法两院各系和校总部各行政办公室，本区各学院的教室和男生宿舍的所在地（女生宿舍仍借用昆华中学南院）。

但在校当局提出这一校舍设计草案征求意见时，有人提出强烈的批评意见，认为这一设计没有考虑到理科各实验室的规范和要求，主张重新设计。校当局不得不顺从"民意"，将这一设计发还给原设计师，请其于征求有关理科各系意见后修改原设计。

事实证明，这一周折造成设计工作几个月的延搁，使我们付出一个很高的代价。就在这年秋冬的几个月，昆明物价飞涨。到了将近年底，设计师向学校汇报，前此的原设计已远在学校原预算经费财务所及之外。现在，这原预算经费只够修建总面积少于原设计的二层楼楼群的若干夯土墙的条式平房，而且只有一半的平房能用上原设计的进口的铅皮屋顶，而作为学生宿舍的其余平房就只能用茅草作房顶了。设计师还进一步警告说，如果继续延搁而不立即开工，再过几个月，就连这些条式、草顶的平房校舍将都盖不起了。

面临这紧迫情况，学校当局只好当机立断，接受了这平房设计，立即备料开工，赶于半年内完成新校舍的全部工程。新校舍于1939年春夏间全部竣工。文、理、法三学院各系全部迁入新校舍。从这时候起，西南联大才算不完全是寄人篱下，而有了可称为自己的校舍；人们当提起联大校舍时，也就理所当然地指的是这一片平房群。

一年内，又产生一插曲。1940年夏，日本进兵侵略越南，短期内占据了越南全境。同时，在华的日寇又开始窥伺我湘桂各省，大有从东、南两路进攻我西南大后方的意向。为防万一计，联大决定在四川叙永设一分校，1940年夏高考入学的本科一年级学生及先修班生，推迟入学期，于1941年元月到叙永报到上课。联大又一次面临部分校舍无着的问题。经过多方的联系，联大又商借了叙永西城的"春秋祠"、"南华宫"和东城的"帝主宫"及"文庙"作为联大历史上第三个分校的校舍。叙永分校只存在八个月。1941年秋季

在昆明（1939）

始业时，由于战局稳定，叙永分校随即结束。但在联大历史上，叙永分校也是一段难忘的经历，而这些古庙堂，对于当时在分校学习的同学，也是难于忘怀的旧校舍。

再回到昆明西北城外联大总校的校舍。在1939年后有两件事值得一记。一件事是1941年8月14日日机对昆明空袭时，联大校舍的被炸。1938年9月28日昆明受到日机第一次空袭时，联大借自昆华师范之一宿舍遭到严重破坏。这是联大校舍直接遭到战火的第一次。是后空袭频繁，联大在昆的公私借赁房屋被炸者时有所闻。但1941年8月14日的轰炸却是以昆明西北城外联大新校舍为目标的一次。轰炸的结果，校舍北区的部分办公室、男生宿舍，南区的生物系实验室，借自昆华中学的北院，都中了炸弹。

另一件事是联大校舍铅皮顶的出让。上面说过，联大在修建新校舍时，由于经费拮据，只有南北二区之图书馆、大饭厅、教室、实验室、办公室用上了进口的铅皮顶，而北区的几十栋男生宿舍平房只能用茅草顶。1940年，日寇进军越南，断绝我滇越间国际铁路交通。1941年，太平洋战事起。翌年，日军袭取了缅甸，又截断了我滇缅公路的国际贸易路线。盖房子用的铅皮顶成了西南后方各省稀缺的建筑物资。而昆明西北城外联大校舍的铅皮屋顶居然成为昆明南城贾客眼中可居的奇货。不久就有人来商购联大校舍全部的铅皮屋顶，而联大稍经考虑之后，也就答应了将除了图书馆、大饭厅外全部南北校舍的铅皮顶卖给他们，换上茅草顶，以补充校用。学校经费拮据之情况于此可见一斑。

1946年联大结束时留给昆明师院（1984年改名为云南师范大学）的校舍就是这一片夯土为墙、捶泥作地、茅草盖顶的条式平房建筑群。在过去将近半世纪的时间里，云南师大不断地拆除这些平房改建了一大片楼房校舍。至此所谓联大校舍既名之不存，实体亦早归消失。但在这一新楼群中，云南师大特保留一条仍冠以铅皮屋顶的平房，作为历史文物，以供瞻仰。但稽以上述更换屋顶的史实，或有人对于这一文物，有新颜不尽是历尽沧桑校舍的原型的疑问。但我们却宁可认为它有反映校舍中期旧貌的作用，也许是，在不知不觉间，带有怀旧之感的有意之笔。

1992年8月27日

西南联合大学的蒙自分校

西南联合大学校友邱民芝同志最近搜集若干国内外人士所写的怀忆西南联大的文章，编为《西南联合大学在蒙自》一书，将以付梓，来求序。

西南联大的前身是长沙临时大学。临大是在1937年，抗战军兴，平津沦陷后，由北京大学、清华大学、南开大学于是年8月，仓促联合组建的大学。临大，在长沙上了秋季的一学期课后，由于东南前线战事失利，上海、南京相继失守，长江中游震动，奉命于1938年春迁往云南，旋改名为"国立西南联合大学"。

对处于流亡状况的学校来说，首先遇到的难题是校舍。临大之所以选择长沙为校址，只是因为在抗战军兴前二三年，清华大学，鉴于当时日趋恶化的时局，认为战事终不可免，而华北将首当其冲，为未雨绸缪计，停建在北京原校址计划中的文、法学院教学大楼等各项新校舍，移巨款在湖南长沙、湘江东岸岳麓山下修建一整套备用之校舍即将落成可资利用之故。但在临大于1937年秋间在长沙仓促成立时，这一套校舍尚需几个月内部装修的时间方可使用。因此，临大于是年9月开学时，法、理、工三个学院不得不先租用长沙圣经学院的全部校舍，文学院则租用了圣经学院的南岳校舍以应临时急需，当时的计划是，临大将于1938年春全部搬入湘江东岸的新校舍。但1937年东南线战局的突变使临大不得不在1937学年的第一学期结束后又仓促西迁云南，新校舍始终未得利用。而在到达昆明之后，联大重新面临校舍无着的问题。

迁校的先遣人员，在云南省府的大力协助下，只能在昆明东南城外租赁了几个大会馆为工学院校舍；又向西城内外省立学校区内之昆华农院、昆华师范、昆华中学等所学校各商借若干间课室和几栋宿舍楼以供理学院暂用。至于文学院和法学院，则只是最后由较熟悉地方情况的人提出在昆明南边[三百]^{〔一〕}公里的蒙自县城南近郊有一片空闲的公房或有可谋,并经先遣人员现场察看认为可用后,才得到切实的安顿。

这一片空房位于蒙自县城南关外一片名为南湖的小水区的南岸,包括四部分——属于中国的公房的蒙自海关,属于法国人产业的法国领事馆、法国蒙自医院、法国东方汇理银行。此外,在南湖北岸还有一所由法籍希腊人经营的歌胪士洋行所附设的假期旅店。除歌胪士洋行的旅店由学校照市价租赁之外,其余各单位的房屋,虽然名义上是租用,却只收取象征性的租金。(据我们据知,海关的房屋只收法币一元的年租金。)

这一片各机关的房屋成为无用空房的事实,实际上,表述着一个我国边陲对外通商新商埠雏形的形成和其夭折的历史。蒙自原为云南的一县治,清光绪十三年(1887)据清政府与法国签订的《中法续定界务专条》的规定辟为对外开放的商埠。这一大片房屋是这个通商口岸初期新成立各机关的公廨、商号。它不建于县城内而建于城的近郊,另成一区,是完全符

〔一〕 手稿中无数字,经查应为三百。——编注

蒙自海关，西南联合大学为蒙自分校租用的校舍

合于当年各通商口岸新商埠区建设的习惯的。当年若干通商口岸的各国租界也就是这样地形成、转变来的。但是这种在各通商口岸形成的新商埠区并不必然转变为租界。蒙自这一片土地，并不像有些人所认为的，是旧法国租界，而只是通商口岸一新商埠区的雏形。在不久的后来滇越两地国际通商的通道改变之后，这个雏形的新区就不再发展而夭折了。这些机关都搬走，就留下了无用的空房。我们后来在昆明的几年就在正义路上看见一所海关的办公楼，门口挂的不是"昆明海关"而是"蒙自海关"的牌子，这应该可以说是其明证。

蒙自分校的成立本来是一权宜之计。联大是计划在昆明市西北郊已觅得的一片土地上，在两年内，兴建一套校舍以容纳文、理、法三院的。按照这一计划，蒙自分校至少得办至1939夏季学年结束时。但后来由于空军忽然急用蒙自机场和这一片房屋为空校之用，我们不得不于1938年9月初，在蒙自只上了一学期课后，就撤回昆明。蒙自分校的历史就此结束了。

值得回忆的是，当我们刚到昆明听说文、法学院不能留在昆明而要迁往边陲小县时，我们都有点失落之感。但在蒙自住了几个月之后。我们对这地方发生了感情。一旦知道又将搬回昆明，我们感到恋恋不舍。原因很简单，环境清静，民风淳朴，学校和居民之间，不但相处融洽，而且多方得当地各界居民的协助。例如，我们的全部女生都寄住在城内一人家的大院内。过去常为人们所称的市民和大学师生（Town and Gown）的矛盾并不存在。所以，在我们离去之后，长期以来，我们深感对地方的隆情厚谊没有留下任何具体的报答表示。最近，我们才了解到，历年来，不下于[一]联大毕业同学一直在蒙自和其邻县从事教育和其他工作。这总算是留下了一些学术种子，为哪怕是短暂居留的"故乡"出点力量。则本书的问世，在表达这一心意上，就不无有点意义了。

1991年10月

（本文原为《西南联合大学在蒙自》序）

[一] 根据陈岱孙手稿整理，手稿中缺字。——编注

日军铁蹄下的清华园

为了纪念抗日战争胜利五十周年，清华大学档案馆陈兆玲、历史系朱育和等同志编纂一本名为《日军铁蹄下的清华园》的书。书成，将以付梓，来求序。

本书基本上是一种史料汇编，其材料主要选自清华大学档案馆馆藏的抗战时期学校历史档案。全书共分四部分：（一）日军强占清华园及其暴行，（二）清华园的接收与光复，（三）损失统计，（四）附录。共20万字。

1937年7月7日的"卢沟桥事变"点燃了抗日战争的战火。不几天后，杨村战事的继发导致了平津全部地区的沦陷。南京教育部，趁北大、清华、南开三校校长，在参加庐山会议后滞宁未及北返之便，商定由此三校于长沙合组为长沙临时大学。

北平沦陷后，清华园成为孤岛，由校内小部分未及南下之同人组织——保管委员会以保管校产。日寇在1937年8、9月间，即多次来校搜查；10月中旬起，开始实行强占部分校舍，掠夺校产，并逐步扩大地盘；至1938年8月中，终于将保委会驱逐出校，侵占了全部清华园。1939年春，日陆军野战医院一五二病院进驻清华园，直至1946年4月底全部遣返为止；前此零星、散乱、偷窃的掠夺，一变为有组织、有计划、有系统、极尽破坏能事的焚烧、拆毁、公开的劫掠。

日本于1945年8月15日投降。10月16日平津区教育部特派员邓叔存先生，清华大学校长特派之本校接收委员陈福田先生、张子高先生来校举行接收仪式，宣布几条守则。其中之一为"日方须照清华大学接收委员会预定计划次第将校舍腾空并须恢复原状交还"。11月3日，由何汝楫率领的首批负责办理园内一切事宜同人才进住校内，进行第一批校区校舍的具体接收。首次接收区域只包括校内小河南岸之学务处、工字厅、西北院、古月堂、甲乙丙三所及成志小学等。

本书多处以案宗的形式记载了各次接收的房屋和财物的破坏和损失的情况。但只有目击这些破坏和损失的遗迹者，才会感到清华园内满目疮痍的凄凉情况。众多馆舍，表面上，尚似完全无恙，但一窥其内，则从房屋间架、门窗、地板，以至装修无不片片毁坏。原有之设备，从图书、仪器、机器，直至家具等等，几乎全部被劫掠无遗。仅举一事可例其余。当年清华大学图书馆分为两翼，共有三大间普通阅览室，室内共陈列着六十多张的长阅览桌，配以六百二十四张特制的、舒适的阅览椅子。在我们接收图书馆时，阅览室却改为普通病房和手术室。旧家具设备全然不见了。后来，我们在图书馆楼下一个小角落里居然如获至宝地发现了一张原来的旧阅览椅子。后来，我们就是用这张椅子作为模型，为图书馆三大阅览室恢复旧观的。

但在这些无情的设备、物资的掠夺中，居然有一种物资的残余后来得以珠还，那就是图书馆的部分图书。清华园被侵占之后，图书为首先被无情掠夺之一物。头几年被掠夺的图书大部分被运往关外，甚至有运去日本者，这部分损失后来是无可查考了。到1941年经过以对清华大学藏书进行整理的名义，由日伪若干机构各取所需，掠为私有之后，其残余图书约二十万册和部分的书库钢架则拨交伪政权北京沦陷后利用原北京大学在沙滩等处的北大校舍组建的伪北京大学。清华大学保管委员会，于1945年11月30日先接收了旧图书馆后，即开始和市内各藏有清华图书单位联络，陆续将之收回。虽然这收回的图书只是原馆藏图书的小部分，但在大规模劫掠之余，居然能索还哪怕只是少量残余，仍然是值得一记的。况且这一例外适是以反映其他设备损失的全面性和彻底性。

校舍破坏、物资损失如此之甚，在一切皆为当务之急的复校工作中，最为迫切的是对校舍的修缮和最低限度的一切教学设备的补充，以应1946年秋季西南联大结束后清华复校时教学和生活的急需。然而在1945年10月16日接收仪式会上，邓特派员却又允许日方医院可以次第腾空归还。而预计从接收日起至全部腾空归还的时间，至少得半年。这就为后来腾空后的修缮等工作带来了十分的紧张不便。接收委员会也知道次第腾空校舍的做法是不得已的。日本投降后，众多在华北的日军及其他日本公民都在遣返之列，海上运输力量的限制使遣返不得不分期举行。现役的日军官兵当然是在遣返的首列，而伤兵只能在其次。接收委员们本来预计原来的一五二病院可以在三个月内腾空遣返，但没想到我们接收委员会于1945年10月16日到校宣布接收时，日军野战医院一五二病院所容纳者已不只是原一五二病院的伤兵和医护人员，还容纳了从日军驻燕京大学另一伤兵医院转移来的全体伤兵和医护人员。

燕京大学在1941年冬，珍珠港事变之翌日，即为在北平之日军所侵占，不久也成为日军一伤兵医院。校长美国人司徒雷登及若干美籍教职员成为日军俘虏，被送往山东一拘留所拘禁。1945年8月15日，日本投降，司徒雷登一行立即来平。在8月底，即来燕园，宣布接管全部校舍，将在燕大校内之日军病院成员全部限日驱出。日军病院，在此不可抗拒的情形下，投奔清华园，加入一五二病院，从而增加了清华园等待遣返的人数，延长了全部校舍腾空之期，影响了我们对校舍急待修缮的工作。

这是在我们1945年10月16日宣布接收前存在的现实。在我们接收后的第三天，日军联络部派员至我们设在骑河楼清华同学会会所内的接收委员会做汇报，

国立清华大学接收委员、(北平)校产保管委员会主席陈岱孙在北平城内骑河楼清华同学会办公(1946年2月)

曾请允许今后仍继续收容平郊近区伤兵约四千名。对此请求，我方立即予以拒绝，并指示此后，决不许再有伤兵进驻之事，阻止了清华园更进一步地成为北平郊区日军伤兵的邻壑。

都是五十年前的往事了。对当时身历其境、目睹校园一片残破的景象者，本书也许更易引起若干痛苦、愤怒的回忆。而对于一般人民群众，这一历史事件也许只是凶恶的敌人对我国文化机构进行摧毁罪行的一个案例，只是全部战争史的一页。但这案例，这一页的历史却应该给我们以深刻的教训，让我们从之记住，在抗战期间，中华民族所经历的灾难，认识到，罪恶战争对人类的摧残，努力使类似的悲剧不再重演。本书编纂的意义其在斯乎。

1995年7月12日

（本文原为《日军铁蹄下的清华园》序）

给清华大学校史组的信

《新清华》编者按:本刊系列短文《清华园风物志》刊出后,受到校内外校友的关心。日前,我们高兴地收到陈岱孙先生的长信,对其中"三院"条目作了重要的修正和补充。除专函答谢外,特把原信全文刊出,以飨读者。陈先生是我校1920级校友,曾长期任教母校,并担任法学院院长及其他校行政的重要职务。抗战胜利后,他曾受梅贻琦校长委托,作为接管北平校舍的负责人先期北上。"三院"条目中所谈的许多内容都是他亲手处理过的。

清华校史编研组同志：

《新清华》1987年3月20日第945期《清华园风物志》中关于三院一条中有失实处。事关信史，冒昧提出下列意见：

（1）三院第一排是教室，第二、第三排是学生宿舍，第四排是食堂及厨房。二十年代改办大学至1937年抗战起时，一直作此用途。第一排仍作为教室，但非文学院专用教室。宿舍、食堂仍为三院的组成部分。

（2）抗战胜利，在昆明的清华办事处1945年秋派组一委员会接管北平校舍，于是年10月先接管了校内东西向小河南岸所有校舍。河北校舍一直等到1946年春日本军医院撤出河北区，伤兵全部遣返，才由接管委员会接收。

（3）三院一排后面的宿舍、食堂是在1946年春天接管委员会接管后即拆除的，不是"全校复员以后"。全校复员是在1946年夏秋间。

（4）拆除不是由于"建筑新教师宿舍缺乏材料。……用以建造了胜因院教授住宅共40所"，而是由于在日占期间，破坏严重，经当时负责修复校舍之基泰工程司检查认为危险房屋，不值得修理，故决定拆除。

（5）当时重庆教育部拨了一笔修缮专款。此款完全用于修缮原有之校舍，没有一文拨作建造新校舍之用。三院拆下之材料也有拨作修缮原校舍之用者，但也没拨作建造胜因院新住宅之用。

（6）胜因院全部住宅的全部建造费用，由接管委员会援南开大学之例，向当时设在北平的"中国善后救济总署"分署申请"以工代赈"协款支付。除了买地一项由教育部拨款中支付外，其余一切工料都来自救济总署以工代赈的协款。这件事，清华应该有档案可查。

专此，并致

敬礼

陈岱孙

1987年4月14日

（本文原名为《陈岱孙先生就〈清华园风物志〉所载〈三院〉一文给清华大学校史组的信》）

福建省闽侯县螺洲乡太傅陈公生平叙略[*]

螺洲地理和人文

螺洲位处福建省会，福州，三十华里之南，为邻于闽江江中南台岛南岸的一个小洲。

闽江是福建省主要的水系。它的上游，接经浦城、建瓯北来，经绍武、顺昌西北来，和经永安西南来的

---

[*] 太傅陈公以及文中的"太傅公"，系指陈宝琛（1848—1935），字伯潜，号弢庵，晚号听水老人、沧趣老人，宣统帝师。陈宝琛是陈岱孙的伯祖，其弟陈宝璐是陈岱孙的祖父。本文系陈岱孙先生应海外亲友约请而作，成稿于1989年5月，未曾公开发表。——编注

溪水，到南平合而为一，贯穿两岸险滩峡谷中奔泻东下。自闽清以下水势稍缓。在福州，它又分为北港和南港二支流。二支流中间夹着一个称为南台的岛屿。北港一段，又称为台江，流经林浦、鼓山麓至马尾；南港一段，又称乌龙江，流经阳岐、螺洲、石步、峡兜也下至马尾；两港汇合后，东流蜿蜒入海。

螺洲北岸与南台岛南岸相隔不足一百公尺，其南岸则面临大江的南港。它是一个面积约五平方公里的泥沙冲积洲。虽然有人认为，由于在洲南岸，如观澜堂、朱子祠、妈祖庙的前后，望坡故居、泰山庙厅院中，都有巨大岩石突出地表，螺洲名"洲"不如称"屿"更为妥帖。

螺洲的住户约一千，人口约五千人，百分之八十为农业人口。居民主要为陈、吴、林三姓，聚族居于洲之南部；洲之北部基本为稻田和桔园。陈姓聚居在洲南部之西头，由横龙港、洋垱尾到埃门兜的店前村；吴姓聚居在从埃门兜到仓里巷尾洲南部中区的吴厝村；林姓则聚居在仓里巷望东的洲南部东头的洲尾村。

明朝一代在螺洲三姓中，吴姓科第较盛；陈姓则只有三世祖名晔者在明英宗天顺三年（1459）中了举人，六世祖名淮者在明世宗嘉靖十七年（1538）成进士。陈姓的发迹起于清代康熙、雍正两朝（1662—1735），有清一代考中举人者九十二人，成进士者二十人。

陈姓氏族和世系简述

现在聚族而居住在福建省闽侯县螺洲乡的陈姓，习惯于说："吾陈系出颍川。"意思是我们的祖先来自所谓"中原"。但年代久远，这说法的详情已不可考。现在能具体说的只是，这个陈氏的始祖，在唐朝的季年，也就是公元9世纪末，从河南省的固始县迁来福建省的长乐县。到了明太祖洪武年间，即公元14世纪，一位名陈广号巨源的老祖宗又从长乐县的陈店、鹤上村，迁来属于当时尚称为闽县的螺洲乡，成为螺洲陈氏始迁之祖。

据说，远在这以前的宋朝（10世纪末至13世纪初）已有另一陈姓的郡马曾住在螺洲，其后代也即在此定居。但这一陈姓后来逐渐没落，一部分的人也流徙到省城和邻县。所以今天提起螺洲陈姓指的就是这一支从长乐迁来的氏族了。

这一氏族在定居之后，生息、繁衍成为螺洲居民中三个大姓之一。虽然近年来，不少人移居省内外，但在螺洲本乡内，仍然可以看到一定的聚族而居生活的遗迹。

从始迁螺洲的公元14世纪到现在20世纪，已经历了约六百年，但是长乐和螺洲的陈姓氏族仍然互认"本家"（即同宗）的关系。1932年4月第三次修订的《螺江陈氏家谱》"例言"中所说，这两地的陈姓，"庆吊必闻，祭祀必告，往来酬酢俨然一本之亲"，所指即此关系。

螺洲陈姓从肇迁祖十四传而至太傅公的曾祖文诚公，名若霖，在清朝官至刑部尚书。文诚公有三子，次子布政公，名景亮，官至云南布政使，为太傅公的祖父。布政公的长子，光禄公，名承裘，为太傅公之父，成进士后，以主事用，分刑部浙江司行走。他不愿做官，时布政公游宦济南，乃请假往山东省亲，后来就侍奉布政公回福建，未再出仕。螺洲陈姓被称为书香门第、八闽望族，可以说是从这一时期开始的。

太傅公为光禄公的长子，名宝琛（1848—1935），字伯潜，号弢庵，晚号听水老人、沧趣老人。太傅公有弟六人，宝瑨、宝璐、宝琦、宝瓛（早殇）、宝璿、宝璜。除早殇者外，太傅公六弟兄都是科第出身。太傅公有子六人，有孙十一人。

太傅公的早达和受谴

太傅公生于1848年。1860年，咸丰十年庚申，年十三岁，应秀才试，获隽，入闽县县学为庠生。1865年，同治四年乙丑，年十八岁，应本省补行甲子乡试，中试举人。1868年，同治七年戊辰，年二十一岁，赴京会试，成进士，改翰林院庶吉士。1869年，同治八年己巳，年二十二岁，翰林散馆考试后，授翰林院编修。1875年，光绪元年乙亥，年二十八岁，翰詹科道大考，名列前第，擢为翰林院侍讲，旋派充顺天乡试同考官。1879年，光绪五年己卯，年三十二岁，充甘肃乡试正主考官。1880年，光绪六年庚辰，年三十三岁，以侍讲充日讲起居注官，继授右春坊右庶子。1881年，光绪七年辛巳，年三十四岁，授翰林院侍讲学士。1882年，光绪八年壬午，年三十五岁，充江西乡试正考官，就授江西学政。1883年，光绪九年癸未，年三十六岁，授内阁学士兼礼部侍郎衔。1884年，光绪十年甲申，年三十七岁，法越事起，从江西学政调南京，任会办南洋事宜大臣，得专折奏事。

太傅公这一段的生平是为时人称羡的少年科第、仕途早达的经历。

这一时期也是光绪皇帝载湉以冲龄登位，慈禧太后垂帘听政的初期。当时，清皇朝在靠曾国藩、曾国荃、左宗棠、李鸿章等湘军、淮军平定太平天国和捻、回等农民起义军后，很优礼汉族大臣。更重要的是，在垂帘听政的初年，慈禧太后未尝不想假借各种机会，建立自己的威信，而容纳直言也是建立威信的可取的手段之一。

太傅公早达，当然有以"澄清天下，致君尧舜"为己任的当时封建社会文人学士的传统抱负。他自入翰林后，与左春坊左庶子张之洞、侍讲学士张佩纶、宗室侍郎宝廷交谊甚笃。他们四人又和通政使黄体芳、吴大澂等，皆奋发言事，不避权贵，对时政敢言敢谏。而朝廷对于他们谏言也十分容忍，甚至有时奏章朝上，不交部议，迅即饬办。时人称他们为"清流党"，因此亦大招权贵之忌。

在这一段时间，太傅公数十次上疏中，有几件事值得一提。

一件事是，奏请申明门禁，裁抑宦官。1880年，光绪六年，慈禧信任的太监李三顺，违例直出午门。值班守门的护军不肯放行。李三顺回见慈禧，说他为护军所打。慈禧当时有病在休息，即请慈安太后来她的寝宫，要求慈安重办此案，并说，若不杀护军，她就不愿再活下去。慈安遂下旨将这案交刑部会同内务府审办并面谕刑部尚书潘祖荫，必杀护军。这一案，在当时，备受朝野重视，但朝中没有一个敢在太后盛怒之下，冒丢官杀头的危险入谏的。就是有清一代名臣，当时工部尚书翁同龢，虽在他的日记中说，"貂瑾之弊，往往起于刑狱，大臣无风骨，事势渐严"，也不敢犯颜直谏。太傅公探悉案情，上疏力争，说苟护军得罪，则"此后凡遇太监出入，但据口称奉有中旨，概即放行，再不敢详细盘查，以别其真伪，是有护军与无护军同，有门禁与无门禁同"，并引嘉庆年间太监引贼入宫内，乾隆年间太监盗窃库银事，指出"此辈阉寺，岂尽驯良"，不可开其骄横之渐。慈禧见疏，只得将护军减刑，免其死罪，并将李三顺交慎刑司打三十板，以结此案。旨下后，翁同龢又在日记中写道："前日庶子陈宝琛……有封事争此"，感到自己"大臣失职"，"既感且愧"。

第二件事是，为了澄清吏治，他不怕权贵，多次敢于弹劾不称职的大臣。例如，1878年，清廷派满洲贵族都察院左都御史崇厚出使俄国，谈判索还为沙俄强占的伊犁。崇厚在沙俄的威胁愚弄下，于1879年擅自和沙俄签订了丧权辱国的《里瓦几亚条约》。朝野哗然。清政府将崇厚革职拿问，定罪为"斩监候"。但由于沙俄的外交抗议和武力恫吓，清廷竟然将崇厚免罪开释。太傅公对这一事件，和张之洞先后交章弹劾，请诛崇厚、毁俄约。及开释旨下，太傅公复上疏痛陈"在强邻要挟下，太阿旁落，朝令夕更"，"耻辱四夷，蒙讥万世"，要求对误国的崇厚"宜服人臣不赦之极刑"，而对军机处和总理各国事务衙门的王公大臣们"迟延贻误之咎"，也应"量予处分"。当然，他这一主张没有为清廷所采纳。

此外，他曾以星变奏陈斥退大员，军机上行走大学士宝鋆、吏部尚书万春藜、都察院副都御史程祖诰等人，使他们得到不同程度的处分。他又以不称职守，弹劾过担任北京左翼统兵兼步军统领的崇礼。在江西学政任内，他以违法秧民、招权纳贿、办案不公、结怨酿患等罪名参奏江西宁都直隶州知州韩懿章、候补知府荣绶、九江知府达春布、吉安知府钟珂等，使他们得到革职处分，并使江西巡抚也受到朝旨的申斥。

第三件事是，从主张"塞防"（防俄）和"海防"（防日）并重，到主张援越抗法一贯的反抗帝国主义侵略的立场。

19世纪70年代前后，帝国主义推行扩张政策，窥伺我国领土。沙俄占领我国新疆伊犁九城，派战舰到我海面示威。日本公然吞并琉球，窥伺台湾。当时清廷内部曾引起了一场关于"塞防"和"海防"的争论，出现了联日防俄的主张。太傅公上疏指出联日之说"懵于事理"，其流弊必"祸延朝鲜"。对曾纪泽代崇厚使俄在俄京进行谈判事，他和张之洞联衔上奏，主张不能"捐可守之疆土，掷已返之侵地"，表示捍卫领土完整的决心。因此，他提出"塞防"和"海防"并重，"俄事应坚持，日事无庸迁就"。

但对外御侮主张所遇的最尖锐的冲击是援越抗法的斗争。法国帝国主义在19世纪70年代初即开始侵犯越南。1871年，越南谅山事起，1873年，法军攻陷越南河内，1874年，越南与法国定约。但苟安几年后，战事复起。1882年4月，法国侵略军再陷河内，企图打通红河，直窥云南，又派战舰在我东南海疆游弋进行威吓。5月，太傅公和张佩纶为存越固边，联疏力主出援越南并荐江西道员唐炯和湖北道员徐延旭堪任军事，同时，张之洞也推荐了徐延旭。因此他们两人都晋了级，唐炯简放云南布政使，徐延旭为广西布政使，不久唐炯又升为云南巡抚，俱负边防的责任。这件事就埋伏下了太傅公后来获谴的根子。

1883年3月，法国侵略军侵入越南的南定。1884年1月，又攻陷越南的山西，进窥北宁。我边疆危急。太傅公认为清政府和战不定的策略是招祸之源。他几次单独或与人会同上疏主战，并表示"敌忾同仇，不敢自同局外"，苟有用他之处，他"绝不敢辞"。

清廷鉴于中法在云桂的对峙，导致海疆日紧，于1884年派太傅公会办南洋事宜大臣，吴大澂为会办北洋事宜大臣，张佩纶为会办福建海疆事宜大臣。这三个钦差大臣都被授"专折奏事"的特权。

太傅公于前此二年（1882）方从江西乡试正考官在赣闱中奉授江西学政之命。在接奉南洋会办的任命后，原拟先回京请训，面陈机宜。时清廷和战之意不定，旋奉旨无庸回京，即赴津随李鸿章与法议和。尚未启程，又承旨，和议已改在上海进行，着随曾国荃同赴上海议和。直至是年8月，由于孤拔率法国战舰占据了台北基隆，清政府才放弃了"力保和局"的幻想，令太傅公同南洋大臣、两江总督曾国荃"即速回江宁办防"。

曾国荃是湘军首领，清代中兴名臣，镇压太平天国农民起义有功的曾国藩的九弟，世称九帅。他自己也曾率领湘军对太平军作战，于1864年攻复天京（即南京）。这时，他任南洋大臣、两江总督，年已六旬。他既看不起这个年方三十五岁、科第出身的书生的纸上谈兵，又认为以陈为南洋会办明明是分他的军权，心中很不服气。尤其使他难堪的是，会办名义上是他的副手，但会办又可以"专折奏事"，即不须通过他这个主帅便可以直接单独的上奏、参劾。形式上二人有上下正副之分，而实际上二人权限无大区别。这种关系就导致了，从开始时，就发生意见和工作上的矛盾，两人上疏互相指控的不和局面。但是军权实际掌握在主帅的手里。太傅公陷于备受排挤、无所作为的窘境。

马江战役的前夕，会办福建海疆事宜大臣张佩纶电请军机处饬南北洋舰队派舰援闽。战争爆发时，又电请饬南洋速拨原属于福建舰队之"开济"兵船赴闽，并电太傅公云："开济船应还闽，如管驾推延，请遵旨照退缩不前例，正法。"由于曾国荃的阻挠，派舰支援完全没有实现。福建舰队全军覆灭后，太傅公两电北洋，陈借兵舰会合南洋舰队，乘法人率舰出闽江口时与闽省之陆军内外合击之策，乃未得一复。再加上太傅公在视察防务时，又参劾了曾的宠将陈湜，两人之间的矛盾益形尖锐。适太傅公母林太夫人于是年9月疾终乡宅，太傅公遂呈报丁忧回籍守制去了。

太傅公回籍后，接踵而来的是，对法战争的挫折和中枢改组后，对他个人所造成的逆境。先是马江战役的爆发和失败。1884年8月23日，法国侵入我福建马江的舰队突然向我袭击。我舰队被毁，船厂被炮轰击。张佩纶遂由此而得罪，被革职、遣戍。太傅公和张佩纶是好友，在法军侵入越南窥伺我边陲时，两人都是主战派，又同得原枢臣恭亲王奕訢和大学士李鸿藻的器重。至是中枢易人，遂以推荐唐炯、徐延旭的罪名，对所谓"清流党"大肆打击。

徐延旭升为广西布政使后，受朝命，饬驻在广西边境南面的黑旗军刘永福收复为法军所占的越南河内，并奉令如法犯北宁，立即迎击。清廷又令升为云南巡抚的唐炯即赴前敌并接济刘永福军食。及法兵进逼北宁，徐延旭始终株守谅山，他辖下的桂军黄桂兰、赵沃部，遇敌即溃，败走越境太原，北宁重镇遂为法军所陷。而唐炯自云南出关督师，未奉朝令即擅自率部回昆明，致使越境山西失守。清廷得报，首先以用人不当免除了恭亲王及李鸿藻的军机处职务，改以庆郡王奕劻等为军机大臣，除下令收徐唐二人革职拿问，分别槛送北京，下刑部牢严讯，定了"斩监候"的处分外，又进一步追究保荐人的责任，下旨说，"陈宝琛、张佩纶力举唐炯、徐延旭堪任军事，贻误非轻，陈宝琛着降五级调用"，张佩纶另因军务获咎，"着革职来京，听候议处"，旋承旨谪戍张家口，"张之洞虽亦进荐徐延旭文武全资，实属失当，姑念在粤颇着勋劳，从宽察议"。太傅公受到部议降五级调用的处分后，在籍守制期满，终光绪之世遂不复出，从1884年末至1909年初（三十七岁至六十二岁）谪居废弃者二十五年。可巧的是，在三人因越事受谴前两年的1882年，"清流党"中的另一人，宝廷侍郎，于典试福建复命途中，纳江山船女为妾，遂自劾罢官，归隐西山，不再复出。从此,"清流党"遂成星散,朝政由慈禧独揽,文酣武嬉,益无人敢作直言切谏矣。

谪居在籍的二十五年

太傅公谪居回籍后,一直住在螺洲,寄志诗文,纵情山水,过着韬光养晦的生活,俨然有终老林下之意。在这二十多年的乡居中,值得一记的有两件事。一是办学,二是修铁路。

1898年,光绪二十四年,太傅公应大府聘,任福州鳌峰书院山长,时年五十一岁。书院是兴办新型学校前的高等学校,山长既是一院之长又是主讲教师。福州当时有正谊、致用、凤池、鳌峰四大书院。山长一般是由名师宿儒担任,也间有由回籍的大员担任者,但也必须是科第出身,在学术上负有盛望者。

19世纪末年,国内已有兴办新型学校的呼声。1900年,太傅公在福州乌石山创办东文学堂,学习日文,为派学生留学日本做准备。这是福建第一所新型学校。1902年,清廷下令各省兴办学堂。太傅公以教育的基础在小学而关键在师资,遂改东文学堂为全闽师范学堂(即今福建师范大学前身之一),亲任第一任监督（校长），更在校内开办简易科，资遣速成师范学生留日，进入特约之东京等处学校学习，俾于毕业回国后可以急应教学需要。当时，福建省府还创办了福建高等学堂，太傅公也被聘为该校的监督，后来在这基础上，拓办了法政学堂、商业学堂，遍设了全省的中小学校，又请大府规定了欧美留学生官费名额等等，为福建省新型学校的建立奠定了基础。

从19世纪末年起，帝国主义群思染指中国的建筑铁路权，企图以之为划分势力范围进而瓜分中国做准备。为了阻止帝国主义这一阴谋，闽、浙、皖、赣四省都拟自筑铁路，推举本省人为铁路总理。太傅公对于建筑铁路本极重视，曾代巡抚刘铭传拟《筹造铁路以自图强折》，陈述："自强之道……机括则在于……铁路。铁路之利于漕务、赈务、商务、矿务以及行旅厘捐者不可殚述，而于用兵之道，尤为急不可缓之图。"后由福建省京官光禄寺卿张亨嘉等呈请商务部代奏由本省自办铁路，并"公推陈宝琛总理福建铁路事宜"。奉旨依议。

太傅公被推总理福建铁路事宜后，悉心筹划，拟定章程，定名为"福建全省铁路有限公司"，首先规定

"专招华股，华人之侨居外洋各岛者，亦得与股"。全省计划的路线为自福州至延平，然后北去由延平至建瓯以接浙江；西去，由延平至邵武以接江西；二者为上游干路。另自福州南去至兴化，历泉州、漳州以接广东，是为下游干路。太傅公认为，路线必起点于通商口岸。福州、厦门为通商口岸，客货最多，泉州的安海次之，所以决定先修漳厦、泉东（泉州至安海）、福马（福州至马尾）三段。并建议四省公立一铁路学堂，培养管路人才。后来"四省路矿学堂"成立于上海，民国初年并入南洋公学（上海交通大学的前身）。

1906至1907年，太傅公亲赴南洋各埠募捐，至爪哇，至七洲洋，至息力，至槟榔屿，至海珠屿，至威雷斯，至大白腊，至吉隆，至泗里，共募得一百七十余万元，决定先办漳厦段九十华里，于其年7月开工。这是福建开办铁路的开始。

由于工程费拮据，工程拖延，开工两年多只修了七十多里的铁路，1910年先将嵩屿至江东桥开车营业。1909年2月，太傅公奉召入京，开复原官，遂辞去福建铁路总理职务，于是年10月请假回籍，结束闽路移交的事宜。

民国成立后，铁路公司的情形更为困难，请求收归国有。1919年12月，当时政府交通部曾议决垫款建嵩屿码头及江东桥至漳州段路线，改称"漳厦铁路管理局"。1921年因军阀混战，款不能继，又因贪污盗窃，管理混乱，不久连路轨路基都拆除殆尽。福建第一条的铁路就此夭折了。

开复原官后的派职和晚年的前朝师傅的生活

1908年，即光绪三十四年戊申秋，光绪和慈禧几同时去世，溥仪入嗣帝位，改元宣统，以其父载沣为摄政王。

至是，二十几年前以"清流党"中坚分子著名的宝廷和张佩纶都已相继去世，剩下的就是太傅公和张之洞二人。在过去风雨飘摇的年月中，张之洞虽然并不蒙圣眷，被外放山西巡抚，但甲申中法事起，调至广东后旋升总督，又调湖广总督。溥仪即位后，张之洞被调回京，当上军机大臣。他在摄政王载沣面前力保太傅公。

1909年，宣统元年，太傅公被召入京，先派总理礼学馆事宜，召见后，奉旨开复原官，时太傅公已六十二岁，谢折中有语云："贾谊之对宣室，非复少年；苏轼之直禁林，永怀先帝"，一时传诵，也恰表达了他当时不无迟暮之感的心情。1910年，官复内阁学士兼礼部侍郎衔，1911年1月，以原衔派充经筵讲官，继复充资政院硕学通儒议员。

1911年5月，内阁撤销，学士裁缺。6月，太傅公被补授为山西巡抚。当时年老辈长的庆亲王奕劻任首席军机大臣，苞苴公行，颇招物议。在礼节上，外放的大员除奏谢简授之外，得去拜谒军机大臣。有人事先告诉太傅公，在晋谒庆亲王时，须备一份厚礼作为晋谒之仪。太傅公不听。因此庆亲王颇不高兴，在一次讨论为小皇帝配备师傅的会议中，便推举由太傅公充任，并建议改派陆钟琦任山西巡抚。于是在甫拜抚晋明令之后，不及一月，太傅公又奉旨开去山西巡抚缺，改派为毓庆宫授读。在宦途上，失去封疆大吏的地位而改任有虚名而无权力的师傅，明升暗降，当然是一大憾事。但陆钟琦在山西就任不几个月，辛亥革命起事，陆为革命军所杀，"塞翁失马焉知非福"的一句古语，却据此得到验证。在辛亥革命的前夕，太傅公以候补侍郎改补正红旗汉军副都统和弼德院大臣，授读如故。

辛亥革命起于1911年秋的武昌起义，1912年初清帝逊位，中华民国建立。民国政府与逊帝订立优待条约，保留帝号，在故宫之内建立小朝廷，给岁费四百万两。当时有人劝太傅公可以告退。太傅公说："吾起废籍，傅冲主，不幸遭奇变，宁忍恝然违吾君，苟全乡里，名遗老自诡耶？"以封建社会忠君的正统观念为立身准则的六十五岁的太傅公，从此开始了他矢志效忠前朝，仍当宣统老师的二十余年生活，并于授读之外，还负责编写《德宗本纪》、《德宗实录》。1917年，授太保，1921年，晋加太傅衔。

1923年，太傅公推荐郑孝胥、罗振玉入宫，分任懋勤殿行走和南书房行走。懋勤殿行走是老师的职称，南书房行走是专司文词书图等事，但实际上他们很快地成为溥仪的咨询、顾问。

1924年冬，冯玉祥部队进入北京后发动了当时称为"逼宫"的事件，宣告取消清室优待条件，以军警迫令溥仪出宫，暂时避居其父载沣所谓"北府"的家里。太傅公知道这消息后先急赴神武门，不得入，后悉溥仪已出宫，乃往"北府"。时有谣言说，冯军对废帝将有进一步的不利行动。聚议在"北府"的遗老和亲贵们乃主张躲进东交民巷，托庇于外国使馆。乃由郑孝胥通过日本兵营竹本大佐，去日本大使馆避难。次年春，溥仪接受罗振玉的策划，由日本驻京使馆书记官池部和驻津总领事馆便衣日警保护，出走天津，居日本租界者七年。太傅公不久也移居天津以便日赴"行在"授读。

1931年，发生了"九一八事变"，日本先占沈阳，遂及东北各省。罗振玉带日本关东军坂垣大佐的代表上角利一到天津迎接溥仪去东北。太傅公不同意这个举动。但不久溥仪采纳郑孝胥的意见，派人去日本活动。于是关东军又派土肥原至天津诱引。当时，太傅公适在北京，得此消息后立即赶回天津，在溥仪在天津的寓所"静园"召开的"御前会议"上，和郑孝胥展开了激烈的争辩，认为假借外力，必致丧失主权，反对溥仪去东北。但溥仪认为太傅公过于小心谨慎，终于背着太傅公，和郑孝胥等人由日人胁送至旅顺。太傅公得悉，急赶赴旅顺再三劝告溥仪，"不要轻信郑孝胥的欺罔之言"致被人居为"奇货"，而要"遵时养晦"，"静观待变"。但这些话溥仪已听不进去了。于是这个被溥仪认为"忠心可嘉,迂腐不堪"的八十四岁的"帝师"在几天后乃向"幼主"告别说:"臣风烛残年,恐未能再来,即来,也恐未能见,愿皇上保重",匆匆回到天津,从此离开了他所追随二十三年的逊帝。

1932年秋天,太傅公去长春省问,岁暮返津,在"车发长春留别送行者"诗中有"渡海瞻天亘七旬,衰癃乞得自由身"等语,他已经把自己作为局外人了。翌年,太傅公自津移居北平。1935年3月5日,太傅公卒于北平灵境胡同寓所,年八十八岁。

家人于易衣入殓时,始由衵衣内发现一份于1932年在长春时藏之身上的密折草稿,剀切力陈进退不可不慎之理。纸已发毛,有残缺者。当时溥仪处于日人严密监视之下,这份密折是否及如何呈递,现已无从查考。而溥仪却于1934年春从伪满洲"执政"改称"满洲国皇帝"。太傅公没任伪满何职,溥仪仍以清室名义赐谥"文忠",晋赠"太师"以示优荣。是冬丧归,葬于福州君竹山。

陈宝琛葬礼时的出殡场面（1935）

回忆梅贻琦先生

清华大学校史研究室黄延复同志等几位清华校友，得梅贻琦（月涵）先生家属协助，编成《梅贻琦先生纪念集》一种，共收集梅先生生前友好、学生等于五十年间（1940—1990）撰写的纪念回忆等文字共约三十余万字；另各种文体的贺词、挽词等三百余件，将以付梓，来征序。我与梅先生曾共事多年，对他的思想、事业和为人可以说都有所了解。且本书所收文章的作者许多都是旧识故知。现在这些熟悉的名字以缅怀共同师友的形式联系在一起，见之不禁往事萦回、感慨系之。因略撰数语，以寄缅思。

梅贻琦先生是一代受尊敬的科学家和教育家。突出的是，他一生的业绩和清华大学是结合在一起的。他于1909年，由清华（当时称"游美学务处"）考选，作为首批庚款留美学生，直接送往美国留学。1914年，他学成回国，暂在天津青年会任总干事。1915年，即来清华（当时称清华学校）任教，先后讲授数学、物理等课。1926年，他以物理系教授兼任清华教务长（清华于1925年增建了大学部），1928年至1931年，他去美国任清华留美学生监督。1931年年底，他奉召回国任清华大学校长，直至1948年。在这十七年任职校长期间，爆发了全国性的抗日战争。清华大学从1937年至1946年，和北京大学、南开大学南迁长沙，继迁昆明，合组为长沙临时大学和昆明西南联合大学。梅先生以清华大学校长的身份兼任"西南联大"常务委员会主席。1949年以后，梅先生在美国保管清华大学基金。1955年去台湾，并用清华基金在台创办清华原子科学研究所（后发展为新竹清华大学），1962年在台北去世。

清华初成立时是一所两科八年制（高等科、中等科，每科四年）的学校；创建于1911年，称清华学堂。后于1912年，按照教育部新订的《普通教育暂行办法通令》将学堂改称"学校"。它的程度约等于在六年制中学上面加上大学的一二年级的所谓初级大学。这学制一直维持了十几年。直至1925年，清华才正式成立了"大学部"，开始从实为留美预备学校的初级大学向完全正规大学过渡。

梅贻琦先生是清华大学的主要创建人。虽然清华在1925年就办了"大学部"，但实际上是，在梅先生在校期间，清华才从颇有名气但无学术地位的学校，在不及十年的时间跻身于国内名牌大学之列。当然，这成就和当时全校教职工的努力分不开的，也和在1929年至1931年间，长期代行校长职务的校务会议对办学方向、风尚，体制、规章等基础的树立分不开的。但只是在梅先生的领导下，清华大学的创建才取得了成功。

有两件事特别值得提出。第一件是师资人才的严格遴选和延聘。在我于1927年来清华任教时，清华大学部也才有三年级的学生，每系的教师人数极少。可以说，在学校改制之后，教师遴选的问题一直为执行校务和各系主持者所注意。在这几年间延聘者不少为当年各科一时之彦。但是更重要的是梅先生长校后才把这一方针肯定下来。在他就校长职典礼上，提出后来大学都知道的他的名言："一个大学之所以为大学全在于有没有好教授"、"所谓大学者，非谓有大楼之谓也，有大师之谓也"。在三十年代初期，清华在延聘教授方面，严格地遵循这一原则。教师聘约一般为两年，两年后认为可续聘才致送新聘约。另外，当时也注意避免"近亲繁殖"的问题。这不等于排斥本校毕业的同学。但在延聘时，遴选的面要宽，不以本校毕业者为限。所以在三十年代我们全体教授中不少是别校毕业学有成就的学者。这一似乎顺理成章地成为清华的传统，和梅先生的广致人才的"大师"思想有着直接关系。

第二件事是推行一种集体领导的民主制度。在当时和后来都有人说清华大学当时实行的是教授治校的行政体制。清华这一体制是以1929年6月12日修订的《国立清华大学组织规程》上有关条款为依据的。规程中规定清华设有下列机构：

（一）教授会。由全体教授和副教授组成。校长为当然主席。它是全校最高的权力机构。

（二）评议会。由校长、教务长、秘书长、各学院院长及教授选出的七个评议员组成。它相当于教授会的常任委员会，是学校的立法机构。

（三）校务会议。由校长、教务长、秘书长、各院院长组成，是处理行政事务的行政机构。

教授会和评议会，在清华学校时期已经存在。这个"规程"实是在二十年代末——那一段没有校长，校长职务由教务长、秘书长、各学院院长组成的校务委员会代行——的经验基础上促进改革的。但在改革过程中清华并没有提出"教授治校"这口号，这口号是由当时学界中一些人叫出来的。而当时学界中人对于这一称号也是赞否不一。有一位新就任的北京某大学校长就公开提出"我不赞成教授治校，我的口号是校长治校，教授治学"。当时高高在上的教育衙门和校长阶层的领导者们同意这位校长意见者恐不在少数。但梅先生却采取不同于某校长的态度。从1931年年底他来任校长后，他极力支持这一行政体制。后来这个制度还被带到西南联合大学——虽然组织的名称不完全相同。联大有个教授会。教授会这一组织本来不是清华所独有的，但其在原来三校中，其作用不尽相同。在联大，应该说，它所起的最高权力机构作用较近于

陈岱孙（左一）、梅贻琦（右二）、沈履（右一）等合影于抗战胜利后

清华的传统。联大没有评议会,却有一个名为校务委员会,而其实则组成方式和其所起的立法机构作用都和清华的评议会相同的机构。联大的最高的行政机构则是由三校校长合组成的、实等于清华校务委员会作用的大学常务委员会。

这两件在清华大学迅速发展起了关键作用的事,都和梅先生的伟识、宏量分不开的。

1937年抗战开始,平津沦陷。清华大学和北京大学、南开大学奉命南迁,联合组建"长沙临时大学",一学期后,再迁昆明,改称"西南联合大学",从而经历了九年的颠沛流离的流亡大学生活。建校的道路是艰辛的。三校原来是国内北方三所名校。但正为一位绝对对联大怀有善意的学界人士当时所说的:三校已被连根拔起,流亡后方,一无校舍、二无设备、三无图书,只靠教员口授,教不出好学生来。但是临大、联大就是在这"筚路蓝缕"的精神下,战胜种种困难建成起来的。这当然又是和三校全体师生坚韧的精神境界分不开的,但也又是和学校领导,尤其是和实际上负校务领导责任的梅先生的领导分不开的。

上面已提过,临大和联大都不设校长。学校的最高行政机构为由南开校长张伯苓、北大校长蒋梦麟和清华校长梅贻琦组成的大学常务委员会。在三校长中，伯苓校长年龄最大，资格也最老。在长沙临大期间，他曾去长沙参加临大组建工作，但不久他就去重庆，在当时政府中另有职务，终联大之期基本上不去昆明。梦麟校长参加了临大和联大初期的组建工作。虽然在联大成立后的初期他仍住在昆明，在后期，也不时来往于昆明、重庆两地，但即在昆明他亦避免过问校事。张、蒋二校长间似有一种默契，让三人中年龄最轻，为人谦仲、诚笃、公正的梅校长统管全部学校行政工作。他们公推梅校长为联大常委会主席，所以梅先生在昆明实际上既是清华大学校长又是联大校长。而梅先生确不负众望地把三校的兼容并包、坚韧自强、严格朴素的学风融为一体。

举一小小的例证。在昆明，各机关都有一小汽车，供首长使用。在空袭频繁的年头，在城里发出警报之后，不少机关的首长纷纷乘坐汽车出城到乡间躲避。清华大学当时也备有一辆小汽车供梅先生使用。也就是在这一时期，后方的通货开始急剧膨胀，物价日升，师生生活日趋困难。梅先生毅然封存汽车辞退司机，每日安步当车往返寓所和联大办事处；有应酬，则以人力车代步。在躲避空袭时，他和师生们一起，出联大校舍的北门，在北门外小山上，席地坐于乱坟之间。在飞机飞到临头时，又一起跳入乱坟向事前挖好的壕沟中，仰察炸弹的投向，这一镇定坚毅、平等、同艰的行为在西南联大起了不言而教的作用。

1949年以后，梅先生在美国保管清华在美的基金，而始终不能忘情于促进科学技术在祖国的发展。1954年他开始计划同台湾科技学术机构合作，从事原子科学研究工作；从1955年起，相继筹建了"原子科学研究所"、"化学研究所"和"应用物理研究所"。在这个研究所的基础上，终于发展成近代大学的规模，于他逝世后改称为大学（他生前一直拒绝使用"大学"称号），这就是现在的新竹清华大学。梅先生因积劳成疾，于1962年逝世，但新竹清华大学在继任者不断努力建设下，今日已成为屹立于海峡彼岸、蜚声中外的一所名校，足以慰先生的遗愿了。

上面所述的梅先生三段和清华大学的关系，是梅先生一生业绩的历史，也是清华大学创建、发展的历史。这部《梅贻琦先生纪念集》是不同作者从不同的角度，不但为清华的历史提供资料，实为中国近代教育史，甚至为一般历史，提供了有参考价值的史料。它是一部对于国内外历史学者、教育工作者都是一种很有意义的文献。它的出版，不但应为和清华大学有关系的人们所注意，也应为国内外历史学家、教育工作者所欢迎的。

1993年11月20日

（本文原为《梅贻琦先生纪念集》序）

回忆叶企孙先生

叶企孙先生是我国老一辈物理学界的一代宗师。他毕生从事于教学研究工作，对开拓、促进我国科学技术教育的发展，有过不可磨灭的功绩。为了纪念这位努力耕耘、不务名利的先辈，他的生前的学生和友好最近发起在其长期工作过的清华大学，设立"叶企孙奖"基金，并出版一本《叶企孙先生纪念册》。

叶企孙先生和我是同学、同事，有着半世纪以上的友谊。他是清华学校1918年的毕业生，我是清华1920年的毕业生。但我是1918年秋季才作为一个插班生考入清华的，而他已于是年夏季毕业赴美留学，所以在清华学习期间，我对他并无识荆的机会。我们的相识开始于1922年,这是他在美国哈佛大学攻读物理学博士学位的最后一年,也是我刚入哈大攻读经济学研究生的第一学年。虽然专业不同,但当时在哈大的中国学生人数甚少,我们住处又相近,所以时有过从。1923年,他获哈大博士学位,去欧洲游历,旋即回国,我们之间的往来就中断了。我于1927年道欧返国,受清华聘于秋季始业时到校;而企孙先生已于1925年从南京之东南大学转入清华任教。由于时局关系,我自沪北上交通受阻,到校时晚,住处未定,他让我搬进他所租赁的校内北院教职员住宅区一所宿舍,和他同住。是后,除我们分别休假离校的两年外,我们在这宿舍中一直同住了五年。又是后,除了他于1941至1943年期间在重庆任中央研究院总干事,和我于1952至1953年期间在北京中央财政经济学院任职外,我们一直是清华、西南联合大学、北京大学的同事。时间久了,我们之间有着深厚的友谊。我对于他的方正品德、学术造诣、学者风度,深为钦仰。

由于我对物理学是一个门外汉,企孙先生的学术具体成就我是无从置喙的。我所知道的一事是,他是清华大学物理学系的创建者,同时又是清华大学理学院各系发展的奠基者。他为清华大学在短期内跻身于名大学之林，做出了贡献。清华学校本来是一所留学预备学校，学制为八年，其毕业生程度只等于大学的二年级。在当时，它是一所颇有名气但无学术地位的学校。在1925年，清华开始改制，保留已入校的旧制学生，依照原来章程，在毕业时甄别考选，仍送出国留学；另招收新的大学四年制的学生。企孙先生就是在这一学年受聘来清华的。当年物理系刚刚成立，讲课教师只有后来任清华大学校长的梅贻琦先生和企孙先生二人，由梅任系主任。翌年，兼任教务长的梅先生忙于全校教务，辞去系主任职务，由企孙先生继任。1928年北伐胜利，清华学校改名为清华大学，翌年从外交部管理改为教育部管理。1929年，南京国民政府颁布了大学法规，建立了大学内分学院、学院内分系的大学组织制度。是年夏天，经教授会选举，由校长加聘，企孙先生兼任理学院院长。就是从这时候起，在短短的几年时间内，清华从一所颇有名气而无学术地位的学校，一变而为名实相符的大学。在这一突变的过程中，应该说，理学院是走在前列的，而物理学系是这前列中的排头兵。企孙先生，在这一方面，做

在清华园北院 7 号门前合影
（左起，陈岱孙、施嘉炀、金岳霖、萨本栋、萧蘧、
叶企孙、萨本铁、周培源，1929）

了重要的贡献。他为创建清华的物理学系和理学院罗致了一批造诣较深的学者，如熊庆来、吴有训、萨本栋、张子高、萨本铁、黄子卿、李继侗、周培源、赵忠尧、霍秉权、任之恭等人，充实了理学院和物理系的师资队伍；为物理系积极筹备、组建了研究工作所必需的实验室，配备了各种仪器设备。清华物理学系，在抗战前近十多年的时间，培养出一批优秀人才，他们对中国科学事业的发展起了很大的作用。这种惨淡经营的过程是没有什么档案可查的。时间一久，就容易为后人所不了解或者忘记。

另一件不为人详悉、人们更易于忘怀的事迹，就是企孙先生1937至1938年在天津直接参加和支持冀中抗日根据地的对敌斗争的爱国行为。

"七七事变"后战争爆发，天津沦陷，企孙先生和我同车赴津，准备尽速南下。当时梅贻琦校长在参加庐山会议后，尚滞留南京，我们知道清华事前已有一个迁校长沙的应变计划，但在未知消息之前，全校人员不能立即行动。我是受命于校务委员会急赴南京和梅校长相会，商讨如何执行前定迁校计划的具体步骤的。到了天津后，我们商量了一下，认为当时天津南下的海陆交通几乎完全断绝——只有罕有的过路远洋外国轮船有时在大沽口做短暂的停泊；决定先由我只身南下，先赴南京询悉究竟并将消息递回，再发动校内教职工转移南下，而他将暂留天津作为一联络点。不久，我弄到船票设法去大沽口，登上一艘英国远洋轮到了青岛，由青岛搭火车到了南京，才知道北大、清华、南开已商定合组为长沙临时大学，三校校长俱已奔赴长沙筹备一切，留下庄前鼎教授在南京作联络工作。我赶到长沙，和梅校长谈了平津和清华的情况，由梅肯定企孙先生留津以清华在津临时办事处的名义，联络、协助并资助清华南下教职工在天津转站的工作。这就是企孙先生急于出京而后又滞留天津不即南下的最初原因。但这个联络站的工作到了1937年秋冬之间，就应结束了，当时能南下的清华教职工的绝大部分都已首途了，而企孙先生却迟至翌年11月才去昆明。他滞留在津的原因，已改变为积极支援抗战，为冀中抗日游击根据地输送物资、人才的工作了。冀中根据地的主要联系人是他的学生、清华物理系的助教熊大缜。熊曾在天津清华临时办事处协助企孙先生工作过，不久他就转入冀中根据地吕正操部参加抗日工作，先后任冀中军区印刷所长、供给部长兼研究所所长。他多次从冀中来津和企孙先生联系。企孙先生从熊处了解到根据地极端缺乏技术人才和迫切需要各种作战物资的情况，毅然决定留津，不断为根据地购备无线电报机、电台、医疗药品、用具及制造炸药、手榴弹、地雷的设备和原料等物运送冀中，并劝说、协助一些高校学生、技术人员到冀中根据地参加工作。到了1938年秋末，企孙先生的秘密活动为天津日军所发现，将予逮捕。得友人的协助，他才急急地逃出天津，搭船去香港转赴昆明。在经过香港时，他还去看望了蔡元培先生，请其协助设法筹款支援根据地。到了昆明之后，他依然时常关心根据地对敌斗争的情况。但对于他自己在天津一段时期，不顾自身生命危险支援根据地的详情，则讳莫如深，即对至亲好友亦不提及。他曾告诉我，这类言谈关系到尚在天津继续工作和来津联系工作的人们的安危，越少人知道越好。

可痛的是，1939年的根据地锄奸运动中，由于工作失误，熊大缜被诬为"特务"，受到错误的处分，构成沉痛的冤案。在"文革"中，"四人帮"为了利用熊案以打击吕正操同志，竟诬陷连一个普通国民党都不是的叶企孙先生为 C.C. 特务，将他逮捕拘留一年多，释放后，仍继续"审查"，使他身心受到严重摧残，于 1977 年 1 月 13 日病逝。现在熊案已查清得到昭雪，企孙先生也得到平反。

历史这一页已经翻过去了。今天好似旧事重提，对一位曾是一个中国科技发展开拓者，又是一个真诚爱国者的纪念文章，实际上，不仅是对他本人的公正评价，而且具有向青年一代传递一种高尚的立身治学品德和无私的爱国精神，鼓励他们承继这种品德和精神，为祖国的科学建设和繁荣昌盛做出贡献的现实意义。

1992 年 4 月

回忆金岳霖先生

我和金岳霖先生论交始于1927年。金先生于1914年毕业于清华学堂,比我高六班。但我们在清华只是先后的同学。我于1918年考入清华高等科三年级时,金先生已经去国四年了。金先生于1923年学成回国,1926年来清华任教。而我则于1927年回国来清华工作。

我来清华工作后,长期和叶企孙先生同住清华北院七号住宅。我们纠集几位单身教员和一两位家住城内的同事,在我们住宅组织一个饭团。金先生是饭团最早成员之一。在抗战之前的十年期间,他一直住在城内,每星期来校三天。在校之日他住在工字厅宿舍,都在我们这个饭团就餐。我们就是这样开始了我们在

陈岱孙（左）与金岳霖（右）在北戴河海滩（1936）

清华、西南联合大学和北大三段时间二十八年的同事关系和亲密的友谊。1956年,他到中国社会科学院哲学研究所工作,住在城内宿舍,直至1984年去世。在这一段期内,我们仍有时互相过从,但聚会的机会还是少了。

金先生专治逻辑学。我对于逻辑学是外行,因此,对于他的学术造诣无置喙的余地。我怀念他的是,他的忠实为人和处世;而我回忆的都是一些只见其一斑的小事。

金先生给人的第一个印象是不修边幅,随遇而安。他的两眼视力不好,怕光,所以无论是白天黑夜,他都戴上一个绿塑料的眼遮。加以一头的蓬乱的头发,和经常穿着的一身阴丹士林蓝布大褂,他确实像一个学校的教师。但他实际上是一位极讲严谨工作、一丝不苟的学者。他有一个数十年如一日的生活习惯,即划出每日的上午为他的治学的工作时间。只要环境条件允许,在这工作时间内,他严格地闭门谢客,集中精力研读写作。但他又是一个对工作十分负责的人,认为作为一个教师,教书是他的第一个职责。在他当年住在城里,每星期来校上课三天的日子里,他得一早从城里赶车来清华园。一部分的上午时间已经花在旅途上，他又不肯请注册组将他的课程全排在下午，以便腾出三天的一部分上午时间干他自己的治学工作。于是他实际上每星期只有四个上午可供自己治学使用，从而更珍惜这四个上午的时间，更严格地遵守他所自立的上午例不见客和干其他事务的规矩。他的朋友们都知道他这一习惯，绝不在这些日子的上午去走访他以免吃闭门羹。

抗战时期，他把这一习惯带到了昆明。这个习惯有一次几乎为他带来了不幸。1938年8月，西南联大文、法两学院，在蒙自上完第一学期课后奉命搬回昆明。当时昆明多数专科学校，因避免空袭干扰，都已于是年春间陆续疏散下乡开学。西南联大得以借赁这些学校的校舍暂供理学院春季始业作教室和宿舍之用，并以之暂供安顿从蒙自搬来的师生居住之用。金先生被安顿在昆明城西北城乡区的昆华师范学校，我则被安顿在昆华师范学校北面二三百外昆华农业学校。联大在昆师借赁的宿舍楼有三栋。南、北二楼为学生宿舍，二楼中间的中楼住了部分的联大教职员。1938年9月28日，昆明受到敌人飞机在云南的第一次空袭。

这次空袭被炸的地区恰是昆师所在的西北城乡区。空袭警报发出后，住在这三个楼的师生都按学校前此已做出的规定，立即出校，向北城外荒山上散开躲避。金先生住在中楼，当时还正在进行他的例行工作，没想到昆师正处在这次轰炸的中心，中了好几枚炸弹。联大所借赁的三座楼中，南北两楼各直接中弹。所幸的是，两楼中的联大学生已全体躲避，无一伤亡。但是有两位寄住在南楼，新从华北来昆准备参加西南联大入学考试，未受过空袭"洗礼"的外省同学，当敌机临空时，尚在楼上阳台张望，被炸身亡。中楼没中弹，但前后两楼被炸的声浪把他从思考炸醒，出楼门才见到四周的炸余惨景；用他后来告诉我们的话，他木然不知所措。

空袭时，我躲避在农校旁边的山坡上，看到了这次空袭的全过程。我们注意到昆师中弹起火。敌机一离开顶空，我和李继侗、陈福田两位教授急忙奔赴昆师，看到遍地炸余，见到金先生和另两位没走避的联大同事。金先生还站在中楼的门口，手上还拿着他还没放下的笔。

我们还在昆师、农校住了一段不长的时间。金先生和我们十几个同事租了城内翠湖旁边民房居住。但住了又不长的时间，这一座小院子，在另一次空袭中，中弹被毁。我们收拾余烬和另十来个同样无家可归的同仁一起，迁往清华航空研究所租而未用的北门街唐家花园中的一座戏台，分据包厢，稍有修整，以为卧室。台下的池座，便成为我们的客厅和饭厅。金先生和朱自清先生、李继侗先生、陈福田先生及我五个人合住在正对戏台的楼上正中的大包厢。幸运的是，我们在这戏台宿舍里住了五六年，直至日本投降，联大结束，不再受丧家之苦。在这一长时期中，金先生又恢复了他的旧习惯，除上课外，每日上午仍然是他的雷打不动的研读写作时间——但他答应遇有空袭警报，他一定同我们一起"跑警报"。我们也照顾他这一习惯，在这大包厢最清静的一角落，划出一块可以容纳他的小床和一小书桌的地方，作为他的"领地"，尽量不去侵乱干扰。他的力作《论道》一书就是在这环境下写出来的。

另一件回忆起来的习惯小事就是在抗战前十年中，金先生每星期日下午在家的茶会。在抗战前，金先生一直住在北京城里。其中有六七年他住在东城北总布胡同一小院里。这座房子有前后两院，前院住的是梁思成先生和林徽因夫人一家，金先生住的是后院。他经常于星期日下午约请朋友来他家茶叙。久而久之，就成为一习惯。他在每星期日下午，都备些茶点在家恭候来客的光临，而他的朋友也经常于是日登门作不速之客。其中有的是常客，有的是稀客，有的是生客。有时也还有他在心血来潮时，特约的客人。我是常客之一。常客中当然以学界中人为最多。而学界中人当然又以北大、清华、燕京各校的同仁为最多。但也不排除学生们。我记得，在我作为常客的一两次，我就遇见了一些燕京大学的女学生。其中有一位就是现在经常来华访问的华裔作家韩素音女士。学界中也还有外籍的学人。我就有一次在他家星期日聚会上遇见 20 世纪 30 年代美国哈佛大学校长坎南（Walte B. Cannon）博士。他是由他的——也是金先生的常客——女儿慰梅（Wilma）和女婿费正清（John K. Fairbank）介绍的。此外，他的座上客还有当时平津一带的文人、诗人和文艺界人物。有一次，我在他的茶会遇见几位当时戏剧界的正在绽蕾的青年演员。另一次，我又遇见几个玩斗蟋蟀的老头儿。人物的广泛性是这茶会的特点。

抗战爆发后，后方的颠沛流离生活不允许有这种闲情逸致。抗战胜利后，金先生不再离群索居住在城内，而搬来郊外校内宿舍居住，这一已是多年不继续的习惯，更是提不起来了。我不知道金先生是否会引为憾事，但我相信这些过去曾为其常客、稀客、生客的，倒会感到若有所失的。这雪爪鸿泥也只可成为留下的模棱记忆了。

1993 年 5 月 10 日

忆念周培源先生

周培源先生和我六十多年的深交，开始于他从美国学成归国、到清华大学物理学系任教的 1929 年。实际上，他和我在 1918 至 1920 年，是清华学校的同学，但因为不是同级学生，故不相认识；在 1924 至 1926 年，我们还同在美国留学，但当时，他就学于美国中西部芝加哥城的芝加哥大学，而我则就学于东部剑桥城的哈佛大学，无缘谋面。

周培源先生在清华的物理系任教，而我则在清华经济系。如果不是由于一个可以说是偶然的机遇，我们也许不会成为深交。培源先生来清华后，住在工字厅旁的单身宿舍。而我，则从 1927 年秋季起，已和叶企孙先生合租北院七号小住宅居住。当时，有些教师住在城里，只于有课之日上午来校，下午回城。他们和住在单身宿舍的教师都有吃饭不方便的问题，因此，企孙先生和我，从1928年起，就在我们寓所组织一小饭团。我现在还记得，先后参加这个饭团者，有金岳霖（哲学系）、张奚若（政治系）、浦薛凤（政治系）、萨本铁（化学系）、萨本栋（物理系）、叶公超（外语系）、施嘉炀（土木工程系）等人。企孙先生当时是物理系主任兼学院院长。培源先生加入这个饭团。培源先生在我们寓所就餐直至1932年他结婚成家时为止。这饭团成为这些不同院系同仁后来长期友谊的纽带。

培源先生在清华当学生时，是一个体育运动健将，专于中长跑。在他于1929年回清华任教时，他的越野赛跑的记录尚悬挂在体育馆大门的侧墙上，直至几年后才被打破。但在他返校任教的头几年，他对于体育运动似乎毫无兴趣。

1931年"九一八事变"和随之而来的帝国主义侵略面貌的暴露引发了校内敌忾同仇的气氛，同学们纷纷热诚地参加军事训练。不知道是否多少也受这一气氛的影响，在教师中，也就有人发起组织一个步枪射击训练班。当时恰有外文系新聘来校讲授英语的一位檀香山美籍华裔青年教师。他曾在美国陆军骑兵部队当过小军官，不久前刚期满复员。我们成立一个步枪射击班、一个马术班，请这位教师来辅导。我参加了这两个班。培源先生只参加射击班。他说，他在家乡时，已学得土法骑马术，不必再加以西化了。

几月后，这两个班都结束了。但在其基础上，却派生出两个组织：一个是清华骑马会，一个是与协和医学院工作人员合组的北京猎人会。培源先生参加了猎人会；我则两会都参加了。猎人会具体的活动是每年春秋二季，会员分别于周末来京郊或去京绥铁路上之沙城村打雁；一是冬季远足去山西猎取鹿和野猪，或去绥远猎取野羊，特别是那里特产的大角羊。培源先生参加了猎人会，但不常出猎。记得只有一年冬天，他和我及清华大学王文显老师、陈福田先生和四至五位协和医院的大夫结伴去山西打猎。到驻地后，每两个人结为一组，由一位向导带路，一早带干粮入山寻找猎物，在天黑前赶回驻地。如此者四至五天。培源先生和我结为一组，我发现他的定向本领特强。在山中转来转去，我有时转糊涂了，而他仍然老马识途地认得归路。虽然每日都有个向导带着我们去寻逐兽迹,但经常是在山中白转了一天,见不到任何猎物。我们一组运气还算好,在这几天内,他打到了一只野猪,我打到了一只鹿。这是我们唯一的一次结伴行猎,但是一个人的性格经常在这种处境中表露出来。

培源先生教的是物理学,我教的是经济学。虽然一起吃了几年饭,熟了,但隔行如隔山,我只知道他教的是理论物理学,而主要从事于爱因斯坦的相对论——引力论与宇宙论的基础理论的研究。对于他研究的内容,我当然是一无所知了。但从叶企孙先生对于他的器重,和听到同学们对于他教学的反映,我至少知道他是一位饱学之士、出色的教师。

抗战军兴,平津几天之间就沦陷了。培源先生是和我一起从京(当时称北平)避地先到天津的。"七七事变"后不久,我和张奚若、陈之迈两先生曾应邀赴庐山开会,会后立即北返。我们在坐津浦路火车到天津准备换车回北平时,才知道战事恰于是日凌晨在平津铁路上之杨村爆发,火车不通。我们被迫困在天津旅店中,直至平津沦陷,火车复通,才回到北平。在城内,我先去金岳霖先生家,见到培源先生一家人已于几日前离开清华入城，积极计划南下，而我在到北平之翌日，在听取校务委员会让我不必回校、即日南下商量学校南迁大计的决定后，即和培源先生商量我们两家结伴于次日赴津。我们在次日天未亮时即去前门火车站登车占座。不久，所有车厢都挤得满满的。火车准时开车，但走走停停，随时得为日本军车让路，走了一整天，于晚间9时许才到天津北站。我们两家仍结伴行动。从北站去旅店，入法租界的河桥已为法国兵所封锁，说是得待翌日早上才可对行人开放。幸而同车来津的钱端升先生将他在离京前办好的通行证让给我们，在桥头还费了一番唇舌，才得过桥奔赴旅店，得到休息。

我急于南下，在安顿了家属在津的住处后，立即和陈之迈先生得旅行社一工作人员大力协助，搭停泊在大沽口一艘英国远洋轮船到了青岛，转道济南去南京。在南京，方得悉北大、清华、南开已合组为长沙临时大学，三校校长已去长沙进行筹备后，我和陈之迈先生立即搭船去汉口，转赴长沙。在青岛，我去信给培源先生告以远洋船之转道的经验。培源先生亦于不久后全家来长沙，成为头一批到达临大的清华一家。

抗战期间，陈岱孙（左一）、金岳霖（右一）
与周培源全家在昆明

长沙临大在长沙只存在一学期,1938年春,又匆匆迁往昆明。培源先生一家是走去香港搭船经越南之海防,再转由河内经滇越铁路到昆明的。我则与朱自清先生、冯友兰先生等十几人走公路,经广西,出镇南关(今称友谊关)到河内,再由滇越铁路到达昆明的。我和朱自清先生在河内因事耽搁好几天,到昆明时,培源先生一家和任之恭先生一家已合赁滇池东侧一私人别墅居住。虽交通不便,但环境十分优美。当时战时的通货膨胀尚未开始,而法币与滇票的1∶2的兑换率实际上高估了法币的币值。从而,我们怀有法币的人们感觉到在昆物价(包括房租)偏低,故先到昆明的同仁几家都以不高的租金租得很舒适的住处。

但不久情形开始变了。在西南联大成立一学期之后,日机便开始空袭昆明。在培源先生滇池东侧的别墅为房东索还后,他曾在城内赁一屋暂住。但日机空袭日益频繁,联大有眷属的同仁都纷纷搬往昆明郊区居住。培源先生在西山山下龙王庙小村中也租一小楼安家。西南联大校舍本部位于昆明城的北门外。龙王庙村在西山山麓,面临滇池,离校本部约三十至四十里。虽然许多教师远处郊外,但为了尽量维持上课的秩序，联大的注册组仍然坚持传统的规章，把课程分为星期一三五和星期二四六两组。因此，教师都得在每周中每隔一日来校上课。一般教师的郊区住处离校本部少则七至八里，多则十几里；城乡间只有小路且无交通设施，只可安步当车，一日往返。而龙王庙离城太远了，因此，在搬往龙王庙后的头两年，培源先生养了一匹马代步。每逢上课之日，一清早骑马进城上课，下午再骑马回家。但两年之后，昆明物价腾贵，他买不起饲马的草料，只好将马卖掉，买一辆自行车，仍然在上课之日风雨无阻地一清早进城，上完课后下午回乡，从不缺课。

龙王庙村面临滇池，培源先生的小楼就在湖边，风景十分好。因此，在假日，很多他的朋友们便从昆明城西门外篆塘租船横渡滇池到西山下他的住处盘桓一天。而我和李继侗、陈福田三人则是小楼的常客，经常在那里度周末。他的小楼楼下是一间大厅和一间小盥洗室。楼上有三间小屋，他们自己用了两间，余下一间恰好成为客房。实际上，在他养马的两年，我也买一匹马寄养在他处。我经常在星期天和他骑马去附近的村镇"赶街子"（注：昆明当地语言，赶街［gai］

子意思是赶集），购买油、盐、柴、米、鱼、肉等物品。在他卖掉他的马时，我同时也卖掉我的马。但在卖掉马后，我没有买自行车，因为我不会骑车。

在这一时期，培源先生是在十分艰苦的条件下，坚持他的科研工作的。抗战前，他在清华所从事的关于爱因斯坦引力论与宇宙论的基础理论研究，由于战争中颠沛流离生活的干扰而中断。到了昆明之后，他改而从事流体力学中湍流理论的研究。龙王庙村的小楼不受日机空袭的干扰，为他提供了条件。除了固定日期进城上课外，他整天关在小楼工作。我们和他达成一谅解，即便我们来到他的住处，名为作客，我们可以自行游玩、休息完全不要他下楼操心。他于是就以锲而不舍的精神坚持他的研究工作。他在1940年发表的关于湍流理论的第一篇论文就是在这样的环境写出来的。关于湍流的研究工作他在后来一直进行，其研究结果曾经国内外学术刊物发表，为国内外同行所称道征引。

1941年12月，日本帝国主义对珍珠港的偷袭，将美国卷入世界大战。培源先生于1943年，应美国其母校加州理工学院之聘，去加校战时科学研究与发展局海军试验站作研究工作。培源先生于1947年自美返国继续在清华物理系任教，直至1952年院系调整，转来北京大学工作。

社会活动家的事业，恐怕在人民共和国成立前，连培源先生自己也没想到会成为他生活的一部分。在抗战前的清华和抗战时期的西南联大，他几乎没有什么社会活动可言。也许是他薄学校行政工作而不为，但对于政治活动，他似更没表示有任何兴趣。他曾几次出国参加国际学术会议，但这些都是严格的个人学术活动，绝谈不上为某种代表中国，或者作为以促进国际学术交流或国际友好为目的的行为。但共和国成立之后几十年来，社会活动却成为培源先生生活中一重要部分。他参加了九三学社，长期担任其领导工作。他多次代表中国出国参加国际学术交流和国际友好的工作。1950年，应英国共产党邀请，他第一次受命作为一团员，参加以刘宁一同志为团长、英共和英国进步人士庆祝中华人民共和国成立一周年活动的中国访英代表团。在访英的归途中，他又参加了郭沫若同志带领的代表团，出席在波兰华沙举行的世界和平大会。在周恩来总理接见代表团的会上，代表们公推培源先生向总理汇报访英的情况。周总理对于访问团的工作予以肯定,而且说:"你们出国就要放手去做工作,不能缩手缩脚。"周总理这句话给培源先生很深刻的印象。后来,在他回忆这一事件的经过时,他说,总理"这一诚挚的话使我深受教育长久不能忘怀"。周总理这句话是针对他在汇报中流露出他在访问中存在着不求有功但求无过缺乏信心的心理而发的。缺乏信心是一方面,当时也许还有不愿从教研工作分心的另一方面。在他二十年代末学成归国直至人民共和国的成立,他一直以献身于教研事业为其毕生的志愿的。但在这次访问后不久,他却终于改变初衷,让社会活动占据了他可用于教研的不少时间。这似乎是偶然的但实际上又不是偶然的。他从参加国际交流活动中领会到,他前半生所以献身于教研事业并不是为了个人而是为了促进祖国的现代化。在共和国成立的初期,国际交流尤其是学术交流是一个新的任务,而当时国内这一类人才又较为缺乏。如果他能在这方面多做点事,也就是为祖国的现代化尽点力量,为此而牺牲一部分教研时间也是应该的。

培源先生和我虽然有几十年的友谊,但如上面所说过的,我对于他的事业是门外汉,甚至我对于他社会活动的具体事迹也知之不详。我相信科技界同仁和社会人士对于培源先生在教研、学术和社会活动各方面的成就,一定有不少有分量的、值得怀念的"大块文章"。而我只能拾掇几件不为人们注意或少为人们知道的、多少属于生活的轶事,表达我的怀念心情,或可对"大块文章"起点衬托的作用。

1994 年 9 月 24 日

(本文是作者为纪念周培源先生逝世一周年而作)

回忆张奚若先生

今天我们在此开会纪念张奚若先生诞辰一百周年。奚若先生是我们教育界的一位先辈,是一位合学者和政治家于一身的人物。他先后在中央大学、清华大学、西南联合大学任教二十多年。同时他又毕生从事于爱国政治活动。

在奚若先生一生的经历中,我们看到 20 世纪中国知识分子,为振兴中华,向西方觅求答案的一个缩影。清封建王朝的腐败无能和其所导致的帝国主义的侵略使他在青年时代走上了革命的道路,加入了同盟会,积极地参加了由孙中山先生所领导的革命活动。辛亥革命推翻了清封建王朝,创建了共和国。但革命不等

清华大学法学院政治学系毕业生合影
(中排右四陈岱孙,右三张奚若,1948年6月)

于建国，封建王朝的消灭并未为一个新的社会秩序指明方向和创造条件。他失望地决定出国留学。从1913年至1925年，他在北美、西欧学习研究了十二年，主修政治学，偏重于作为西方政治制度、法制等方面基础的西方政治思想。

在第一次国内革命战争的时期，奚若先生回国了，短期地参加了以蔡元培先生为院长的南京国民政府的大学院的工作。但他十分不满于当时的政治气氛，一年后终于弃官从教，从而开始他在上述几个大学中的教书生涯。但他不是埋头于书斋的一个学究而首先是一个赤诚的爱国志士。他的夙愿是学以致用，学是为他的志愿服务的。时代政治的动荡使他终于难免选择教书这第二条的道路。但是在这二十多年教学生涯中，他继续地关切国家大事和从事爱国政治活动。

他在这一段时期的政治思想，当然仍深受法兰西革命所提出的"平等、自由、博爱"的理想的影响。这在他的文章中可以觉察到的。但抗战时期的经历终于不但使他产生了坚定地鄙弃当时政治阶层的立场并导致他放弃了长期作为自己理想的一些信念。

于是，在20世纪40年代末，他终于接受了，我们相信，在他学生时代接触到而未能服膺的社会主义思想，并仍以热烈爱国者的赤诚为这一新社会秩序建设的工作，勤恳地工作了二十年。

我们今天在此开会纪念他，要向他学习，努力献身祖国，为人民服务，为祖国的社会主义现代化做出贡献。

1989 年 11 月 8 日

（本文原为《张奚若先生诞辰百年纪念会上发言》）

回忆刘仙洲先生

刘仙洲先生是我国工程学界老一辈的学者和教育家。1924年，在他三十四岁的时候，他受聘担任我国最早开办高校之一的天津北洋大学校长的职务。四年之后，他辞去北洋大学校长的职务，于1929年，去沈阳东北大学任教。1931年，"九一八事变"后，他从东北大学转来唐山工学院，不久即转到清华大学任教，直至他于1975年去世时为止。

今天清华大学，为了纪念刘先生诞辰一百周年，在此举行一个隆重的纪念会，我准备只讲，直至今日还值得我们深思的，对于刘仙洲先生工程教学思想的回忆。

刘仙洲先生一贯主张理论与实际相联系。他曾征引《春秋公羊传》上一句话，"巧心劳力成器物曰工"，说这个"工"的定义下得最好不过了。只"巧心"而不"劳力"是只重学理而无实验，充其量不过是一位理论工程家，可以写文章，可以教书，但一遇具体问题，就难免不切实际；只"劳力"而不"巧心"，是只有实验、无学理，充其量不过是一位熟练的老工匠，可以按图制造，可以照样仿制，但一问其所以然，则茫然不知。

从这个学工要兼具学理和实验二者的思想出发，刘仙洲先生进一步提出了，在工科高等院校中，应工科和理科合一的工程教育的主张。

在北洋大学庆祝建校三十周年的1925年，也是他就任北洋大学校长的翌年，他提出一个北洋大学今后十年"理想中之将来扩充计划"，决心"造就'东方麻省理工大学'之始基"。他说："工科为理科之实用，理科为工科之根基"，"工科同时兼办理科，则凡工科各学门之根基，可由理科教授担任之……凡理科各学门有需要实物以证明者，可由工程之设备参考之"。

当然，他所主张的理工合校是指其实质而不是指在校名上的改变；不是我们经常看到的"必也正名乎"的思想在更名问题上的作怪。即以他所举的"麻省理工大学"一名，他也只是沿袭当时通行的、也许就带了"必也正名乎"思想之汉译者的译名。因为，它的原文是"技术"或"工艺"而不是"理工"；是"学院"或"学校"，不是"大学"。他的沿用只是究其实质，而不是为之正名。

我们过去几十年工科院的经验和近年来的改革趋向，都证明刘仙洲先生这一思想的正确性。为了培养合格的高级工程师科学人才，我们感到加强理论教学的必要性。一个重要改革的措施就是朝着这一方向走的。是否可以说，今天国内绝大部分的工科院校，在不同程度上肯定了这一方向。只是，如何综合还有待于进一步的完善化。在纪念刘仙洲诞辰一百周年的时候，重新回忆他这工程教育思想是有现实意义的。因为在完善化的一题上，是不是还有许多问题是值得探讨的呢？

1990 年 9 月 8 日

后园种菜忆沈同先生

沈同先生和我的交谊始于抗战时期。沈同先生于1933年从清华大学生物系毕业,去美留学;1939年在美国康奈尔大学获生物学科哲学博士学位,1940年自美国来昆明,受聘在西南联合大学生物系任教。当时我在西南联合大学经济系工作。从此,我们两人成为五十多年的西南联合大学、清华大学和北京大学同事。

沈同先生来昆明时,西南联合大学已在昆明成立了两年。但校舍仍十分缺乏,教职员基本上自行租赁民房,分散居住。1939年至1942年间,日寇对昆明空袭频繁,不少民房遭到炸毁。为了解决教职员居住问题,清华大学在1942年把原计划租为开办而由于设备不齐而一时办不起来的航空研究所用的北门街唐家花园内的旧戏台，经过修整，作为单身教职员宿舍。这个戏台是当年云南军阀唐继尧为庆祝他的某次大寿时所建，面积还不小。台前的池座为一大厅。围绕大厅的左右，后楼上下共有约二十几个大小包厢和其他房屋可供居住之用。沈同先生和我都搬进了这个戏台宿舍。他一人住在楼下一小包厢内。我和李继侗、朱自清、陈福田、金岳霖四先生则住在楼上正对着戏台的大包厢内。从此时起，我们就曾旦夕相处历经了抗战后期几年难忘的艰辛岁月。

就在这时候，在西南各省所谓大后方，通货膨胀正开始如脱缰之马，不断地猛涨。我们的工资（当时称为薪水）除了勉强够付饭费之外，更无甚余钱。

住进这大宿舍后，头一件要事就是组织一个饭团，聘请一位厨师，并推选李继侗先生为饭团总干事。

每个月初，在领到薪水的当日，我们把几乎每人全部的月薪交给这位总干事，他也就立即同厨师一起上街把本月该用的柴、米、油、盐和其他厨房用品购买齐全；还得余下一部分钱为每日买荤素菜肴之用。但物价仍不断地上涨，到了月底，每天买菜的钱也就少得可怜了。

于是有人想起在自己后园种菜这一着。我们所住的戏台的原址是唐家花园东北角的一个花圃，戏台占用了花圃的一部分的地皮，余下约两亩余的花圃地也就荒废了。

建议得到同人的同意后，李继侗先生作为生物学家又被推为种菜组的领导。沈同先生作为宿舍中另一个生物专家，当然也义不容辞地被推选为继侗先生的助理。此外，还得有几个打下手的人执行从锄地到收割等等的任务。我就忝为其中之一。这样，我和沈同先生又成种菜的同事了。陈福田先生的家在檀香山，我们请他函其夫人，千里迢迢寄来各种的菜籽。在号称四季皆春的昆明，我们就几乎不择时令地种起各种的蔬菜了。不能说我们这个菜园解决了我们饭团此后吃菜的问题，但它确实对于我们"改善生活"有不可轻视的补助。

可以说，所有负责照料这项工作的同志都是尽职的。但是沈同先生在这几年中对菜园工作的严肃态度和执着精神是为众所公认的。他的教学、研究工作正忙，每天都在生物系工作，但每日午间及傍晚回宿舍时，他必然到菜园巡视，从选种、间苗，除草、浇水到收获，他无不亲自参加。我们终于发现他这种态度和精神实是他为人处世对待一切工作的态度和精神。

时间流逝，转瞬间，这已是半世纪以前的事了。想起昆明抗战时期的生活，这后园种菜的景象真如昨日，而沈同先生这一朴实的形象更是呼之欲出。

怀念许涤新同志

许涤新同志和我的认识开始于他从上海调来北京担任中央统战部副部长、国务院第八办公室副主任，兼任中央工商行政管理局的党组书记和局长的50年代。我也适于当时，经高等院校大调整，从清华大学于1952年调到新建的中央财经学院工作；翌年，在中财院取消后，又调来北京大学经济学系工作。在这一段时间内，我们在一些会议的场合有过多次的接触；算是熟悉了，但也只能算是泛泛之交罢。

在"文化大革命"时期，我知道他失去自由，被送进了"牛棚"。随着"四人帮"的倒台，失去自由的同志们陆续被释放了。我特别注意到涤新同志也获得了自由；后来又听说他被派往社会科学院经济研究所担任所领导工作；但是还没见过面。

有一天下午涤新同志和在经济研究所工作的几位同志忽然来北京大学经济系访问我们。这大概是在他到经济所履新的头几天的事。他说，经过十年动乱，经济所同人在长期下放后，刚刚返京恢复工作，百端待举。但他想起一个急待解决的问题特来征求我们的意见，他说，他深深感觉到经济研究所和大学的经济系（当时具体指的是北大经济系）不应各划疆界，"老死不相往来"，而应该是互通声气，通力协作。他这次来访的意图就探索这种将来协作的可能性。他这一席话可以说是实获我心。我们当天谈了一下午。在几天内。他又和我长谈了两次。我们的意见十分一致。经我们了解，经济所和北大经济系同人也有同样的愿望。这建议后来的发展就具体化为最近十几年的经济所，不但和北大经济系，而且和人大、师大等校的经济系，在人事教学、研究、辞书编纂、学术报刊多方面的联系和合作。这个对双方有利的合作，实际上还起了团结京内经济学教学研究工作者、促进经济科学进展的作用。

这一次会晤，也开始了涤新同志和我从泛泛之交进入深交的历程。在这之后的十几年我们会见的次数也多了。在会见时，我们也总有更多接谈、讨论的机会。在讨论中，我们逐渐可以融洽无间地交换意见。记得，在几年前掀起反精神污染风时，我们曾经有过一次关于"异化"问题的谈话。当时颇为反污染风的骤起而困惑的涤新同志对我说，他知道"异化"一词是近年从西方经济学中引进的，但不知道在西方这个概念如何成为一个热门问题。我说，详情我也没研究过，我所知道的只是它产生自马克思一些笔记手稿发现之后；鼓吹"异化"者动机可能不一，但可以肯定有一部分人想以少年马克思的思想来否定成熟的马克思思想———一种别有用心的行为。他对于我这一答复颇有会心，报以微笑。

我和涤新同志这十几年的论交中，特别感到的是他的虚怀若谷、胸襟豁达的风度，完全没有时下一些人在学问上自认为隋珠在握、矜持自是的习气。至于在工作上，他的严以律己，宽以待人的态度；在治学上，深刻严谨的风格；在处世上，充满风趣的乐观情绪，对革命必胜的信心等等则和他共事稍久的人类能言之，无须词费了。这等等都是值得我们学习的好榜样，我们也以此深切地怀念他。

1988 年 11 月 15 日

（本文是为《纪念许涤新文集》撰写的纪念文章）

我和商务印书馆

在民国初年,当我十三四岁的时候,我才第一次和商务印书馆发生接触。商务印书馆成立于1897年。在成立后不久,为了扩大营业,曾以引进技术的形式,引进了日本的资金,成为一个中日合股的企业。1914年,经营者决定,退还全部日股,使商务印书馆成为完全由国人集资的企业。退股的时候,商务印书馆以对购书者赠发购书券展销的方式,有意地对退股一事做了大力宣传。一个偶然机会,我上街,碰上这展销,买了一本《英华字典》。我,作为一个读者,和商务印书馆的关系从这开始,而且大部分和外文译著有关。

商务印书馆创办时,以编印当时所谓新型学校的中小学教科书为其最主要的业务。这是当时一切出版社不能不努力开展的业务，因为教科书销路广，最能赚钱。但这些教科书和我无缘。因为我在十五岁之前是私塾的学生，念的是经、史、诗文等线装书。到了1915年，我入了所谓"洋学堂"后，又因急于缩短上学年限，入学时报考入了外文课"专读班"，免修一切中文课目而专修外语、算学、外国史地、自然科目等等。在两年半的中学学习期间，根本接触不到商务印书馆或和商务同类的出版社所编的教材。

但是商务印书馆当时出版的并不限于中小学教科书。它在当时特为突出的一种出版物是外国名著的汉译本。这是商务印书馆当年开风气之先的工作。我少、青年时代就有乱看书的习惯，其中一部分是小说。在私塾读书时，我所接触到的只是旧小说。从购买《英华字典》，结识商务印书馆后，我开始看外国小说译本。在三四年中，我浏览了商务出版的、由林纾翻译的大部分"林译小说丛书"。以后我的阅读兴趣从翻译小说转到了社会科学名著的译本。当时这类译本不多，主要的也就是由商务出版的严复所译的那几本名著。我没有涉猎及其全部，而对涉猎及者也大部分不求甚解。

但这些书确是开了我的眼界,对于我后来选择大学专业未始没有一定的影响。

建国后,商务印书馆的出版任务,经过全局安排,以翻译出版国外学术名著及编纂辞书等为重点。在过去三十多年,商务印书馆在修订原有译本的基础上,更有计划地、有步骤地翻译出版大量的古代和现代的西方名著,其中包括不少和经济学有关的书籍。而我,作为读者,有时还作为关心者,和商务印书馆就有了不断的接触。商务印书馆对于国外名著的译介,有一个详大的计划。这计划还不算已经完成,而随时间的推移,这计划会有所修订和增益。我们希望商务印书馆能再接再厉,促进计划的不断完善化,期待十年后纪念一百周年时,有更大的成果。

附录

梁思成、林徽因致陈岱孙的六封书信

本书的附录部分是梁思成、林徽因在抗战后期（1943年至1945年间）从四川李庄各自写给陈岱孙的书信，共六封。信中所谈有四个方面的内容：一、梁家日常生活之拮据和窘迫；二、陈岱孙帮助梁家筹措生活费用相关事宜；三、林徽因的病情；四、朋友们的近况兼及各类家长里短。

抗战大后方物资匮乏，通货膨胀，知识分子普遍穷困。特别是从沦陷区转移来西南各省的，家家嗷嗷待哺，只有各显其能，通过不同渠道争取外界物质援助。于是，往日里一向志趣相投、情深谊厚的同仁至交们，自然而然建立起了紧密的互助关系。他们汇总来源各异的外界支援——有现金，也有可变卖的实物（如林徽因在信中为之长篇大论、纠结不已的两块手表），把其中暂时用不着的部分（甚至有人捐出本职薪金的节余）全都集中起来，由主持者在各家面临青黄不接时按照轻重缓急进行分配。

这六封书信以变卖两块手表为贯穿线索，完整地叙述了一个"朋友圈"的故事。信中显示的"朋友圈"成员有（按出场先后顺序）梁思成夫妇、陈岱孙、张奚若、陈福田、金岳霖、钱端升、梁思永、李继侗、萧蘧；而费正清夫妇、某位Nancy女士、George Kalé、John Davies、Jim Panfield，还有年轻的中国空军烈士林耀，则是他们忠实的后援。

陈岱孙是大家公推出来的"群主"。因为他处事公正严谨，思虑细致周密，从清华到西南联大一直是主事者，威望甚高，年纪轻轻就被尊为"岱老"；而且还是单身，没有家累，更令众人彻底放心。

以上介绍，旨在向读者交待一番梁林夫妇在写下这些书信时的相关背景情况。

此外，缠绵于病榻的林徽因以絮絮叨叨的工笔文字向陈岱孙倾诉的其他种种，尽管琐碎，却也真实而珍贵。书信中的这些小细节，和"岂曰无衣，与子同袍"的大情怀一道，全景式地呈现了那一代知识分子在国难当头之际的生存状态。其中况味，令人感动，令人心酸，也令人开怀一笑，值得反复回味。

一、梁思成信（1943年9月27日）

岱老：

前几天林耀[一]由宜宾飞滇转印，托他带上一函，未知已达记室否？许久无音讯，也许他在滇未停留，未得晤面，未能将信面交，也不一定。我私人的那张美金汇票已托他带印代兑了。

学社那张汇票不知已否取得？如汇款，乞汇"宜宾中央银行苗培华先生收转梁思成"最妥。其次则为邮汇，汇"四川李庄四号信箱中国营造学社"。屡次麻烦老兄，磕头磕头。

闻周公[二]全家赴美，不胜佩服之至；在这年头，能偕妻带女的飞过喜马拉耶山，真可谓神通广大。但

[一] 林耀，中国空军飞行员，1944年6月战死。
[二] 周培源（1902—1993），时任西南联合大学物理学系教授，1943至1946年赴美从事研究。

岱老：

前几天林徽由宜宾飞渝转平，托他带上一函，未知已达，记念奉之。许久些音讯，也许他已误了停留，未有晤面未能将信面交，也不一定。我托人约张蒉金汇要忙托他带甲代交了。

字谕邓述汇费示知已否取得。如汇款，乞汇"宜宾中央银行苗圃华先生收转梁思成"最妥。其次则为邮汇，汇到西川李庄邮转四川南溪李庄中国营造学社也。属次麻烦，乞兄谅原。

闷居了令家赴美，不胜佩眼之至。弟远年艰，能偕东带少的先达者骑驴翻山，真可谓神通广大。但振（恨？）佛国之远，岂向西者不

岱老兄福祺。

梁思成致陈岱孙信（1943.9.27）

抵佛国之后，再向西去，不知是飞还是坐船。若是坐船，提心吊胆的滋味太不好受，未知行程如何走法，乞便中示知。

John F.[一]回渝后有信来说熙若[二]病了，大概是typhus[三]之类，不知到底是甚病？近况何如？甚念。

F. T.[四]不知已自印回来否？许久以前弟曾寄他一信，久未得复，所以我疑心他不在昆明。

老金[五]在华府跌入 Rock Creek[六]，将唯一的裤子打湿。那晚穿着在印度买的 Military Shirt & Shorts[七]与 Wilma Fairbank[八]在饭馆吃饭，引起全食堂的注意，以为是 Chinese "guerrilla chieftain"[九]，老板竟不收饭钱，遂得白吃一餐云云！

〔一〕 费正清（John King Fairbank，1907—1991），时任美国国务院文化关系司对华关系处文官和美国驻华大使特别助理。
〔二〕 张奚若（1889—1973），时任西南联合大学政治学系教授。
〔三〕 斑疹伤寒。
〔四〕 陈福田（1897—1956），时任西南联合大学外国语文学系教授。
〔五〕 金岳霖（1895—1984），时任西南联合大学哲学系教授，1943至1944年赴美讲学。
〔六〕 岩溪，位于美国华盛顿哥伦比亚特区的一个公园。
〔七〕 军衬衫与军短裤。
〔八〕 费慰梅（Wilma Canon Fairbank，1909—2002），费正清夫人。
〔九〕 中国"游击队长"。

双十节前后弟或赴重庆成都一行,端公[一]若尚未离渝,或可见着。

徽因近来不时起床走动走动,尚无不良影响。谨并闻。

弟思成　九月廿七日

二、林徽因信（1943年11月4日）

岱老：

从通信之频繁上看,就可以知道你新设立之"救友agency[二]"规模已略可观,此该受贺还是被人同情,观点不一,还是说可贺好一点。

我们复你的信刚刚发出,立刻又有"三表之讯",好事接踵,大可兴奋。如老兄所言：二加二可等于四；我们尽管试做福尔摩斯一次。

据我的观察,现时救人救肚子,这三表如同维他命一样都是准备我们吃的。表之自然用处早已是为滋补生命而非记录时间。为其如此故据在行者说国内表

[一] 钱端升（1900—1990）,时任西南联合大学政治学系教授。
[二] 代办处。

已到了饱和点，故如非特别讲究或时髦的，有时颇不易"变化其气质"，正如这里牛肉之不易蒸烂！而在美国因战时工业之故，表价则相当之高。博士〔一〕到底书生家死心眼，还始终以为表所含的滋补最为丰富！实可惋惜。——我的意思是恐怕一表分数人吃，无多大维他命也。

关于注明准备送到李庄之二表，我的猜想是其中有一个为博士给我们红烧的，另一个或许Nancy效法送思永〔二〕家清蒸去，送者大约是两人，受其惠者亦必会是两人及两人以上无疑。这年头无论什么救济法都不免僧多粥少也。既有此猜疑，故最好先观望一些时候等他们信来，如果有思永的一个，我们尚须得其同意如何处置。

关于内中最可能属于我们的一个，梁公思成意见甚多，对其去留、烧煮、煎烤问题颇不易决定。原因是虽然我们现在蛰居乡僻，山中方七日，世上可能千年百年的时间，我们到底还需要保存时间观念，家中

〔一〕 即金岳霖。
〔二〕 梁思永（1904—1954），梁思成之弟，时任中央研究院历史语言研究所研究员。

现时共有旧钟表六七个，除来四川那一年咬着牙为孩子上学所卖的一个闹钟外，其它已完全罢工者四，勉强可以时修、时坏、时行、时歇者二。倒着便走、立起便停者有之，周中走得好好的、周末又不走了的亦有之；玻璃破而无法配者有之，短针没有、长针尚在者有之；此外尚有老太太的被（在昆明时）工友偷去而因丢在地上、赃物破获、表已粉碎者，及博士留有女友（E.F.）相片在壳后而表中缺两钻者。此间虽有莫宗江[一]先生精于修表且有家伙一套，不时偏劳，不用我们花钱，但为挣扎保存时间观念而消耗去的时间与精力实不可计量！

愈是经过了困难，思公对表兴趣愈大，现已以内行自居，天天盼着弄到一只好表可以一劳永逸。据他结论如下：

（一）表分各种"made"[二]及各种"grade"[三]

（A）"made"最知名的是 Omega、Cyma、Mavado、

[一] 莫宗江（1916—1999），中国营造学社成员。
[二] 制造。
[三] 档次。

Tissot、Longines（都不是美国本身出，all Swiss made[一]）及Elgin（美国所出）。

（B）各种"made"之中都可有上中下各等"grades"

所谓上者乃是从十九至廿一钻，中者十五或十七钻，下者在十五钻以下、七八个至十三钻等，但多半不写在表后。

（二）表可以以各种价钱决定其等级

（A）在战前上海，一个表，外壳平平，注：许多表价钱都落在外壳之装饰上（steel、chromium[二]等），而价钱在百元至百五十元之间便是个可以非常经久之好表。外壳平淡、价钱在五六十元间乃中等好表，三四十乃至以下便都是如Ford、Chevrolet[三]阶级之汽车。

（B）在战初的香港，一个表（外壳平常）价在七八十港币以上乃上等表，价在三四十以上乃中等，以下就是下等了。而梁思成本人就在那时买了一个廿二元港币之时髦表，洋洋得意了仅两年，此表便开始出花样，现在实已行将就木、病入膏肓的老太爷，老

[一] 全是瑞士造。
[二] 钢、铬。
[三] 福特、雪佛兰。

要人小心服侍还要发发脾气，最近连躺着也不走了！

话回原题上来，现在的问题是博士三表照以上标准观察的话，据你看大约是哪一种？如果是十七钻，真大可以留下"自足用"之，尤其是在我们现时之情形下，今冬粮食费用都可支持若干时日，而表的问题则实在非常狼狈。

此次胡博士〔一〕曾送傅胖子〔二〕十七钻之Omega一只，外貌又时髦，内容又是相当之"中等"，如果金博士所购亦有此规模，则不但我们的一个可留，你经手那一只大概亦可多榨出一点油水脂肪也。

以上关于表之知识大可帮你们变化其气质时用也。

上次所云有人坐船来替费正清，此人名George Kalé，我曾说博士或托其带现金，那完全是我神经过敏（jump into a conclusion）。因为博士说when Kalé arrives, your financial difficulty may be relieved〔三〕等等，我又听到John Davies为端公带现票子在皮包内，因飞机出事跳伞时胁下皮包猛然震落等等（后来竟然寻到），

〔一〕 胡适（1891—1962），当时旅居美国。
〔二〕 傅斯年（1896—1950），时任中央研究院历史语言研究所所长。
〔三〕 意为"Kalé到后，你们的拮据状况谅可缓解"。

我便二同二放在一起，以为博士或亦托人带票子来。路远通信牛头不对马嘴，我总想博士必会做出许多很聪明或很不聪明的事。

此信之主要点除向"救友 agency"道谢外，便是请代检查表之等级以备思公参考决定解决之法。如果是个中表（那便是我们所盼之"好表"），再烦人带到重庆交 John〔一〕（在替手未来前，他总不会离开），而思成自己便快到重庆去了。

不过多半此表是十数元美金者，在美国表是贵东西，十数元之表大约不会太好的，如何请老兄检查，我们等你回话。（如果是 cheeper grade〔二〕，当然以在昆明出脱为上算。）

不会写短信的人写起来信总是如此，奈何？还有一点笑话新闻之类，可许我翻一页过去再写一点，因为既有写长信之名，应该也有多新闻之实。

近一年来李庄风气崇尚打架，所闻所见莫不是打架；同事与同事，朋友与朋友，职员与上司，教授与

〔一〕 即费正清。
〔二〕 便宜货。

校长，inter-institute[一]，inter-family[二]。胖子[三]之脾气尤可观，初与本所各组，后与孟和公[四]，近与济之公[五]，颇似当年老金所玩之蟋蟀，好勇斗狠之处令人钦佩！！！这里许多中年人牢骚、青年人发疯自不用说，就是老年人也不能"安之"。济之老太爷已一次游重庆，最近又"将"儿子"一军"，吵着重游旧地。方桂[六]把老太太接来之后，婆媳间弄得颇僵（媳妇便先赴渝去看自己母亲），老太太住了些日感到烦闷又要回重庆，因此方桂又大举奉母远行。故前星期当这里博物院[七]职员押运石器时代遗物去重庆展览之时，同船上并有七十六岁之李老太爷一人，七十三岁之李老太太一位。一舱四位就占去两李家的老人两位，虽不如石器时代之古，责任上之严重或有过之，同行之押运员当然叫

[一] 机构之间。
[二] 家庭之间。
[三] 即傅斯年。
[四] 陶孟和（1887—1960），时任中央研究院社会科学研究所所长。
[五] 李济（1896—1979），时任中央研究院历史语言研究所研究员。
[六] 李方桂（1902—1987），时任中央研究院历史语言研究所研究员。
[七] 指中央博物院。

苦连天。(好在方桂自己也去,只是李老太爷一人需要extra service[一]。)

近来各人生活之苦及复杂本来可以增加大家之间彼此同情,可是事有不然者。据我们观察,大家好像愈来愈酸,对人好像倾向刻薄时多、忠厚处少,大可悲也。我们近来因受教授补助金之医药补助过两次,近又有哈佛燕京之款,已被目为发洋财者,思成感到中研院史语所之酸溜溜,曾喟然叹曰:洋人固穷,华人穷则酸矣,颇有道理。好在我们对于这里各机关仍然隔阂,对于各种人之寒酸处不甚有灵敏之感觉,仍然像不大懂事之客人,三年如一日,尚能安然无事,未曾头破血流如其他衮衮诸公,差足自慰。此两三段新闻写得不够幽默,比起实在内容差得太远,但无论如何仍是gossip[二],除至熟好友如继侗[三]、叔玉[四]、熙若诸公,实不足为外人道也。

徽因　十一月四日

〔一〕 特别照顾。
〔二〕 闲话。
〔三〕 李继侗(1897—1961),时任西南联合大学生物学系教授。
〔四〕 萧蘧(1897—1948),时任西南联合大学经济学系教授。

三、梁思成信（1944年5月22日）

岱老：

前些日子接到老兄汇来一万二千元，救了一个急。前日我们忽得了一点意外的接济，手边松了一点。因想昆明的穷朋友们也许有需要接济的，故现在汇上一万二千，请老兄分配。别人我们不知，熙若一定窘之尤者也。又烦老兄做 agent[一]一次！对不起。

老金的那两个手表若尚未卖出，（在将开参政会之时）请托人带重庆交傅孟真带给我。最近在宜宾打听得知手表在宜宾销路尚好，价亦比昆明重庆略高，不妨在此一试也。或留一个在昆明售出，寄一个来。

徽因自三月底又病至今已两月。痰液化验结果无 T.B. 菌[二]而甚多 Streptococcus[三]与 Staphylococcus[四]（才知道一向气管炎都受这毛病的磨折），吃了许多

[一] 代理人。
[二] 结核杆菌。
[三] 链球菌。
[四] 葡萄球菌。

Sulfathiazole〔一〕，现在已不发烧，颇足告慰。但一病两月亦真难乎其为病人也。

近来宜宾机场已扩充为美国空军空运基地，终日头顶轧轧机声，打破乡下历来的沉寂。不过河南战事紧张的时候，我们只能看见一星期乃至十天前的重庆报，真急煞人！

博士六月十二日起程，听说行李限制重量极严，怕回来连冬天衣服都带不了多少，他原有的又已送了人，不知他如何过冬也。昆明朋友们近况何如，乞赐数字。敬颂

研安

弟思成　五月廿二日

四、林徽因信（1944年8月5日）

岱老：

你以元老的资格给我们的信早已收到。又有款来的新闻自是好新闻。那时正值思永相当的窘迫，得了这新闻自是感激agency组织之扩大与周密，老朋友关

〔一〕 磺胺塞唑。

心之实际化。

当时一得消息我连忙派了再冰[一]小姐做联络员上山去报告她的三叔，谁知这小姐本来有点不好过，赶了一个来回之后便病倒了，那时我又在发热，家中便又陷入纷乱而思公便忙了起来。这下子倒弄成了我们两人都没有回你一信的事实。

日子过得真快，再冰一病也就三星期，这一波未平时便又被从诫[二]少爷将了一军：原来重庆清华中学招生就在七月廿九。一切迫在眉睫，于是老子连孩子本人都临时抱起佛脚，请了先生补补温温。此外做母亲的便找女工来为小学生赶制蚊帐及衣服！这年头买不起布，所以便拆了这件变成另一件，居然在十日之内穿的、盖的、用的一切也都有了几件可以拿出去洗而不会立刻破成碎段的。这在我们家庭中已是桩很吃力的事。那时又正是寒暑表到了九十几度[三]的时期。大家出钱的出钱，出力的出力，而又都出了汗。

〔一〕 梁再冰（1929—），梁思成、林徽因之女。
〔二〕 梁从诫（1932—2010），梁思成、林徽因之子。
〔三〕 这里使用的是华氏度，相当于摄氏三十几度。

这也都是说我们未写回信之"尚可原谅之处"，想必理会得到。我们的确很惨，也很懒，也很可原谅的忙不过来。

上次寄回款的原故是因为我们骤然收到两三处给我们接济，一时感到过于阔绰及自私，所以先寄还你那边接济其他需款之尤急者。这次如果寄来，则我们不但自当接受，并且也大有需要。儿子上学，爸爸送去，这一下子是去了全部可动之财产。所以当日之阔绰情形已成过去。而今后之穷酸情形正在侵入中。

两只金表之从重庆转到李庄，大家检查观摩叹息了，但亦尚未卖出。原来还是个十九钻石者，真可惜外貌之不扬若是。思公带了一个到重庆，预备如果临时有在陈之忧时出脱，另一个在宜宾候主顾。一切又都该向你道谢也道歉，请你别烦厌这重复的几句话。思公七月廿七到达重庆的，忘了说了。

金博士大糊涂之处依然。曾来信告诉我六月十二日一定离开美国。我这死心眼人在相当懒的情况下便计算着四月底为这边最后发信时期。偏偏四月一个月我病得快死了（比第一年有过无不及），非常怕告诉他这边情形。而因此说瞎话如同"身体甚佳"这一套，又怕地狱中割舌头，所以便以无消息即为好消息的原则保守缄默。等到病稍好时已五月初，于是急得写封信由美使馆 Panfield 转去。以为可以快！谁知为朋友转信在使馆"袋"中是违背定规。这位 Jim Panfield 急得没法，只好代我将信中大意转给费家，再请费家转金博士等等。这边乱了一阵而他老先生最后的信（昨日收到），六月底费尚在纽约，信里说须至八月才走！（当中有过两信，奇怪我们怎么没有信等等。）他居然现在得到 J. P. 转去消息才知道我以为赶不及而停止发信由邮局寄等情形。自认糊涂把一切看得那么确定。

至于他坐什么样交通工具回国，一字未提！坐船之议也未说起。只提过行李限制量，船比飞机大得多一事而已。据他说眼已割好，虽然看得清楚，而两眼不合作这情形是否暂时亦未说。

来信说种胜利菜园，非常羡慕。我们每年六棵番茄在花台中，今年全数失败！

照例我把信写到无法签名时为止，这封也是如此。

徽因谨签名于此了　八月五日

五、林徽因信（1944年9月2日）

岱老：

上次人太糊涂，给你的信忘却写上"航空"两字，现在一直在幻想着它已失落在十八盘三十六盘等深山之中！

以徐锡良名义汇来巨款已收到两周。肉已多买几斤，且吃过一只肥鸡。钱之作用今年又多了一层认识。梁思永一家穷愁相当，经此"汇"之后眉头确见开展。感谢不尽。

如果上次的信真的失落，那么在此再报告一下：梁氏父子到京里投考状元去也。至少梁从诫是去投考。昨有信来，两校均已录取，成绩不坏，可是中间又费踌躇，不知决进何校为宜。一慕母校之名，一贪沙坪坝有友人照应之便，结果仍入了南开。儿子一路如刘姥姥进入大观园，闻见莫不感新异，老头儿却眼见车费饭费之大贵，天天叫苦连天，叹息不已。本要立刻回李，又不幸得到中基结束消息，只好守在首都等等碎骨头啃。整年挣扎汗流满背，现在一半寄居博物院之篱下，滋味甚苦，中基结束正不知下文如何！！

林徽因致陈岱孙信（1944.9.2）

今夏我的养病等于零，精神上太劳苦，体温又上去，真不愿在博士回来时告他此种不争气的消息，但不说则必需说瞎话，正不知如何是好。不过博士大约也是预备割舌头的，他并不告我们坐船而瞎说大约八月中才离美等等！我真希望海上真的安全，他这种走法实是加增友人惦挂，严格说，并不慈悲。

林耀六月廿六在前线机中弹失踪至今无消息。大约凶多吉少。闻讯怆然累日，一切不堪回想。抗战七年直接伤亡消息以空军为最重，我已多次惊弓之鸟，见到不常见之空军友人姓名在信封上，就知道常见的名字已不能自己签名来信！难过之极。

端公信不日就回。你的菜园安吉否，念之。

极念熙若一家，却因自己无信，不敢问候。

徽因匆匆　九月二日

六、梁思成信（1945年4月15日）

岱老：

在渝相左，归来又已两月，怅何如之！去冬汇下之一万四千元（内学社一万，老金薪四千）徽因固早已收到；昨天又接苗培华转来汇下一万二千，大旱云霓，感甚感甚。想此是处分老金金表之结果，在此年头表之"不正当用途"确较"正当用途"重要多矣！此事累及老兄，经年累月，歉疚无亟。徽因近来又感冒，经过一个月，尚未肃清，亦未知引起旧病否，真令人焦灼也。敬请

研安

       弟思成拜上 四月十五日

编后记

刘　昀

一

本书收录了陈岱孙先生的二十三篇文章,除《绥北道上》写于 20 世纪 30 年代,其余均为其晚年之作,所记所忆者,大多又是前半生的往事。

陈先生为文严谨,记忆力超强,所著文章,一字一句,皆为信史。

陈先生修辞朴素平实,虽字斟句酌而无矫饰之感,看似淡淡如水,实则饱含真情。文如其人。君子之风,温润如玉。

二

陈岱孙（1900—1997）与20世纪同龄。他生于清光绪二十六年，这一年，北京发生庚子事变，我国陷入有史以来国运最为衰落的谷底。

由于地方官员的明智，远离京城的东南各省得以偏安，北方地区的战乱没有波及这里。故乡福州街市太平，波澜不惊，这是陈岱孙尽管生逢乱世，但能够幸运地在安定环境中成长并且接受良好早期教育的一个重要原因。

陈岱孙出生于一个世代官宦之家，前代且不论，祖父（陈宝璐）和两位伯祖（陈宝琛、陈宝瑨），便是"兄弟三进士"。父亲（陈懋豫）和叔父（陈懋咸）也都有举人功名。循着家学的轨迹，陈岱孙在四岁时开蒙，六岁起正式入塾读书。

帝制时代，我国的私塾尽管由各地乡绅自行捐资筹款举办，但课程体系实有一致的程序，均以"四书、经、史、诗、文"划定范畴，培养学童的国文功底。

私塾教育并无规定年限，一切以科举功名的进阶而定去留。1915年，陈岱孙年届十五，已入塾九年。

此时，距清廷废除科举已历十年，距辛亥革命成功、中华民国创立，以及陈岱孙严厉守旧的祖父辞世，已历三年。此时，陈岱孙才经较为开明的父母决定，转入新式学堂——福州英华学校（六年制中学）就读。

在新学校和旧私塾并存的历史转型时期，学校既要正常招生，也要为逐渐脱离私塾的旧学生们安排进学的通道。

学校暂将课程分为中文、外文两部，旧塾学生如申请插班入学，则先要通过中文部的综合考试，考试内容就是私塾里的学问。通过考试的学生，学校根据其考分，准其在入学后免修部分甚至全部中文部课程，为其专心恶补外文部各科（数学、物理、化学、地理、生物、外国历史等）提供方便。此等安排十分人性化，意味着"新学"借助现代考试制度，对"旧学"成果予以完全承认。

陈岱孙是这项善政的受益者，十五岁的他顺利通过考试，插班入读英华学校初中三年级，免修全部中文部课程，此后专读外文部，仅用两年半便修毕了四年的课业，取得高中毕业的资格。

关于在私塾和学校的两段学习生活，陈岱孙分别撰写了《私塾内外》与《我和英华学校》加以记述。这两篇文章是作者以一位杰出的教育家的身份，对20世纪初叶我国教育制度变迁的回顾。他一边遥想年少时光，一边在不经意间揭示出"学贯中西"是如何炼成的。

学贯中西，是后世赋予那一代学人的一顶光环。陈岱孙以其十分典型的求学经历告诉读者，这顶光环的形成纯属偶然。它是百年前中国步入近代化社会，教育制度相应发生重大变革时期的一个歪打正着的产物。局中人——施教者和受教者，在当时都还徘徊于"中学"、"西学"之间，进行着非此即彼的艰难取舍，恐怕没有人顾得上系统地思考"学贯中西"的长远意义，更没有人料到在数十年之后的神州大地上竟然发生了"中学"、"西学"尽毁之事，幸免于难的学贯中西者就此成为稀世之宝。

学贯中西，其发生的历史环境不可复制，其"为往圣继绝学"的历史作用不可复制。前无古人，后无来者，再也不会有了，大概也不需要再有了。

此外，从陈岱孙的私塾经历，读者大概可以得知，时下鼓吹振兴所谓国学者，及其为数同样众多的反方，七嘴八舌，实际上没有几个人真正了解国学和国学教育。

清末民初，陈岱孙的父系家族式微，而母系罗氏则凭借着福州船政事业应运而起。

外祖父（罗丰禄）毕业于船政学堂，留学英国，职业生涯先是海军将领，后是外交官，其子侄（陈岱孙的舅父们）大多有留学背景，亦以外交为业，纷纷在晚清、民国时代受命出任我国驻外使节。

母亲（罗伯瑛）是家中长女，于"文革"开始后的1967年去世，寿享九十。夫君走得早，独子岱孙终身不娶。母慈子孝，相依为命。

陈岱孙与母系家族的感情更为亲近。他幼年曾一度患上被中医视为不治之症的肺结核，当时在外婆家采用西医方法治疗休养，不久便得以根治。陈岱孙从私塾转入英华，以及毕业后选择投考清华学校，均受到罗氏亲属的重要影响。

当年，罗家的大洋房与英华学校校舍同在闽江南岸的仓前山。

几十年过去，物换星移，沧海桑田。

剩下的是声音——旧时每年春夏之间，窗外江面上的船工号子，伴着潮声，是萦绕在游子心头的乡愁和寂寞。

散文《乡声》，系陈岱孙1984年应《福州画报》之约而作，载于"我的家乡"专栏。

1918年，陈岱孙考取清华学校。

清华是中国外交部利用美国退还庚子赔款开办的留美预备学校，学制八年，初等科四年，高等科四年，前六年相当于中学，后两年相当于大学一二年级。陈岱孙插班入读高等科三年级，那就是大一学生了。

清华学校毕业生一律保送留学美国，去完成大三大四的学业，以及继续深造。他们的留学费用，连同在清华期间的学费，概由美国退还庚子赔款项下列支，因此，史称这批人为"庚款留美学生"。自1911至1929年，总数不足千人，皆当世之俊彦。

"庚款留美学生"这一身份令后辈学人肃然起敬，然而在当事人那里，却是一个具有深重耻辱感的标签。用洋人开恩退还的战争赔款出洋念书，不是什么光彩的事。陈岱孙说，他们那一代人的爱国主义近于狂热与执拗。因此，我们不难理解，留美六年有余、在哈佛大学获得博士学位后归国任教的陈岱孙，何以坚持在国内讲课时绝对用中文表达而不着西文一字，并将其作为一条终身自律的原则。这一细节,他写在了《我的青年时代》一文中。

《往事偶记》和《我的青年时代》是两篇自传体文章。前者述及的时间范围截止到1952年陈岱孙因院系调整从清华去往北大;后者,陈岱孙将自己的青年时代终结于1937年抗战爆发之际。

《往事偶记》名为自述,实为劝学,是陈岱孙的名篇,作于1982年。当时,国人被"文革"压抑了十年之久的读书热情正处于空前高涨的时期。《往事偶记》以作者的求学、治学经历为主线,满怀温情地回顾了人生中黄金般的读书岁月,亦对八年抗战、十年"文革"这近二十年的读书空白期深表沉痛。

《我的青年时代》作于十二年后的1994年,这时距陈岱孙辞世只剩下三年。这是一篇比较纯粹的自传,涵盖的年份较《往事偶记》为短,而篇幅更长。观其文气之充沛、感情之无拘无束、逻辑之严整、史实之精确,很难相信文章乃是出自一位九十四岁高龄的老人之手,初次发表时,还是以手稿刊印,可见作者一生为文治学之勤奋作风。

九十四岁的陈岱孙审视自己漫长的一生,决定把

"生平最宁静，虽然最平淡，而也许是最快乐的时期，尤其当回忆起来，是最值得怀念的时期"，即1928至1937年，他任教清华的第一个十年，框进了他的青年时代。

陈岱孙的清华生涯自1918年始，至1952年止。其间包括在清华学校就读两年，以庚款留美七年，归国后任教清华二十五年，凡三十四年。

1928年，当陈岱孙应聘任教清华满一年之际，清华从留美预备学校正式改制为国立大学，他就任经济学系主任。翌年，经教授会选举，兼任法学院院长。这两项职务，他一直连任至1952年。

陈岱孙以法学院院长身份，依校规，始终是国立清华大学当然的评议员和校务委员。（详情可参阅《三四十年代清华大学校务领导体制和前校长梅贻琦》）

教学任务是繁重的，治校则是基于教职员们的信任而挑起的又一份担当。历史证明，陈岱孙没有辜负这份重托。不过，如此一来，他留给自己用于治学的时间就非常有限，只能利用假期，以及在平日里见缝插针。

经济学系的财政学课程一直由陈岱孙主讲。他是典型的讲义派，备课十分用功，讲义一遍一遍地讲，一遍一遍地改，却总是觉得无法令自己完全满意而总是不肯拿出来出版。学生们则发现，在陈岱孙课上记的笔记，不增不减就是一篇浑然天成的好文章。西南联大时期的研究生任继愈回忆说："这种出口成章的才能，联大教授中只有两位，一位是陈先生，另一位是冯友兰先生。"

《比较预算制度》是陈岱孙编写的财政学系列教材的第一部，心血灌溉八年之久，但未及问世便在抗战烽火中毁于一旦。之后，由于研究条件所限，再之后，由于国家政治经济环境的变化，他的主要研究领域从财政学转向经济学说史。在不堪言问的1957至1976年间，他没有发表过一篇论文，没有做过一次学术演讲。

因此，我们不难理解，作为一代经济学宗师的陈岱孙，何以只留下一部两卷本的文集[一]存世。

陈岱孙是个很会生活的人，他是清华园最著名的单身贵族，社交活动频繁，个人兴趣广泛，这从《绥北道上》即可窥其一斑。

虽然是狩猎游记，《绥北道上》有多处笔墨提示

[一] 指《陈岱孙文集》，北京大学出版社1989年11月出版。

着日军侵我华北的时代背景，尤其在文章结尾，作者自包头返北平，见到战壕已掘至距铁路仅一二百米处，叹道：寇深矣。

抗战终于爆发，华北首当其冲。北平沦陷，好端端的清华变成了流亡大学。

1937年8月，陈岱孙先行南下，筹备清华迁校，并与北大、南开合组长沙临时大学诸种事宜。临时大学设法学院、理学院、工学院于长沙，文学院于南岳衡山，11月开学。

1938年4月，因战事不利，临时大学西迁昆明，更名西南联合大学。联合大学设理学院、工学院于昆明，文学院、法商学院于蒙自。5月开学。8月，因校舍被军方征用，蒙自分校撤销，文学院、法商学院迁回昆明。

1940年8月，因战事不利，西南联大筹备入川。9月，设叙永分校，先行安排一年级新生前往报到，次年1月开学。1941年8月，因战局好转，叙永分校撤销，人员、资产并回本校。

颠沛流离，弦歌不辍。

西南联大实行"联邦制"，清华、北大、南开三校仍保持高度独立。陈岱孙在清华的本兼各职仍如其旧，同时在联大担任经济学系主任，后来又陆续兼起商学系主任等职务。抗战期间，教学与治校的任务不仅繁重，而且艰苦卓绝。

不得不说，在西南联大，清华一方的贡献最大，担当最多。三校联合之初，随校南来的师生，装船运来的图书设备，清华都占了大半。临时大学在长沙正待竣工、准备入驻的新校舍，也是清华校产，早在战争爆发前就已开建。

西南联大的治理体制也与清华相仿。联大尽管不设校长，由张伯苓、蒋梦麟、梅贻琦三常委联合主事，但忠于职守并且贯彻始终的只有梅校长一人。联大的学院院长、系主任人选，尽量在三方之间平衡，而维持校务行政全局的，清华团队实为中坚。

时下，讨论西南联大校史和人物的书籍可谓汗牛充栋，看上去面面俱到，可惜，有几个普遍存在的盲区，例如，关于人文领域学者及其事迹的叙述占有绝对优势的篇幅，而在社会科学、自然科学领域，则显得非常单薄；关于既励志、又八卦的奇人珍闻轶事，不乏津津乐道、细致入微的描述，然而，西南联大究竟是依靠了何等信念、动力、机制，得以在亡国灭种的危机中存续并有效运转，究竟是哪些人在和平年代难以想象的困境中支撑局面，这方面的资料，几近湮没。

好在当事人陈岱孙的笔墨为我们留下了宝贵的线索。在他看来，流亡大学，首要的特征就是四个字：居无定所。

战前，清华大学未雨绸缪，在长沙投资兴建备用校舍；抗战爆发后，临时大学组建，长沙新校舍尚未竣工，只好另觅他处，房源紧张，于是散居而栖；联大落脚昆明，房源更为紧张，为结束散居局面，于是买地筑屋；其间，又因前方不稳而有迁校于四川之议，于是开始新一轮"累累若丧家之犬"的奔波。

这些盖房子和找房子的反反复复的过程，陈岱孙都深度参与，他是关键的决策者和执行者。朱自清有诗《赠岱孙》赞曰："书林贯穿东西国，武库供张前后军。"

本书收录了《西南联大校舍的沧桑》和《西南联合大学的蒙自分校》，是因为没有人比陈岱孙更为了解这些"琐事"。

抗战结束，南渡八载的人们归心似箭，但还是因为房子问题，不得不在昆明继续驻足一年。而陈岱孙则受命先期北上，返归故居，修故园，整理被日军严重破坏的清华园校舍，迎接师生返校。这一年中，他核准的工程近百，经手的银钱无数，殚精竭虑，一汪清水。

《日寇铁蹄下的清华园》记述了日军破坏清华园的种种罪行，因题所限，作者无法完整地还原接收、修复清华校舍过程的艰辛。而当其时也，国军在清华园之干扰和二度破坏，比之日寇，有过之而无不及。

陈岱孙不辱使命，按期迎回了他的大学。教务长潘光旦先生踏进校园后叹道：九年噩梦，已成云烟，今日归来，恍若离家未久，一切如故。连平时懵懵懂懂的金岳霖教授也说，真的知识分子是可以做工作的，可以办事的，陈岱孙是很能够办事的知识分子。

西南联大老校友怀念母校，"文革"后，其中有不少人上门动员他们的陈先生担纲主持起母校的复校大业。1987年，联大成立五十周年，校友会举办活动纪念，陈岱孙到场讲话：

> 联大的实体已不复存在，我们联大师生是否常有这种遗憾？其实，这种遗憾可以不必有。过

去是不可追的,时间是不会倒流的。作为特殊历史条件下的特殊历史产物,西南联大这样屹立于民族国家危亡中的流亡大学,历史也绝不允许它有后来者。所以我们不必觉得有什么遗憾。西南联大,是否只有历史成绩而没有实体呢?我们就站在这个地方,这就是西南联大的实体。

三

这本小书共辑录了陈岱孙先生二十三篇随笔,分为两个部分。第一部分可以构成一个整体,大致勾勒出陈先生在20世纪上半叶的人生轨迹。

鉴于他老人家晚年一向行事低调,在应约撰写的各篇回忆文章里,从不突出自己,加上他前半生的事迹距今相当遥远,其所治之学又是精微幽深、曲高和寡,无法成为专业以外人士的谈论之资。渐渐地,陈岱孙在一代学人群像中变得面目模糊起来;渐渐地,关于他的传说,差不多只剩下一个终身不娶之谜,流传在辈分较高的北大、清华校友之间。有好些人对于陈岱孙完美人格的认识,乃是出自于对他的爱情操守的莫名钦佩,这尽管不错,但过于苍白了。

本书编者著有陈岱孙先生传记《孤帆远影》，于2011年面世。以传记作者的身份编辑陈先生的这本《往事偶记》，别有一番感慨与读者分享。

陈岱孙先生一身兼具三重身份：学者、教师、教育家。

陈先生是一位优秀的学者。他的求学经历无与伦比，而在他治学的黄金年龄段，由于担负繁重的教学和校务行政管理责任，以及国家遭遇大战等种种原因，他始终没有机会专心构建属于自己的学术理论体系。尽管如此，陈岱孙仍出色地践行着经济学家的社会责任和学术良知。

在二十世纪二三十年代，陈岱孙是一名活跃的撰稿人。战前战后，在平津地区的《益世报》、《大公报》、《独立评论》、《现代知识》、《清华学报》，抗战中，在大后方昆明、重庆的《今日评论》、《新经济半月刊》，他经常发表社论和时评，在财政、金融、国际收支、经济主权、战时建设，乃至内政外交等多个领域提出独立主张，对当局的政策始终保持批判和质疑的清醒立场。

陈岱孙识见敏锐，文章讲的桩桩件件都是国家当时的头等大事。他学养深厚，看家本领是经济学，此外，政治、法律、历史、社会、哲学功底均很扎实，加上国文功夫了得，文章一气呵成，立论鲜明，针砭时弊，鞭辟入里，当世之人读罢之后的快意，令今人感同身受。其中一些名篇，如《"均衡"概念与动态经济》、《我们的经济运命》、《通货膨胀与岁计》、《中美卖银协定》、《抗战中的经济政策》、《经济自由与政治自由》等，多有普遍和现实意义，隔了七八十年，仍值得反复阅读。

1933年，陈岱孙作为中国代表团专家，在伦敦出席旨在缓和世界经济危机的国际经济货币会议。这个在今天看来绝对是扬名立万的机会险些被他拒绝，原因只是他个人所坚持的学术观点与挂名团长宋子文的立场不合。

1945年，抗战胜利，重庆谈判期间，陈岱孙等十人联名发表《国立西南联合大学张奚若等十教授为国共商谈致蒋毛电文》（即"十教授公开信"），呼吁国共两党"正心诚意，循宪政之常轨，以运用其党力，诚能以实际之措施求人民之拥护，藉人心之归向作施政之指针"，实现国内和平。

1946年，陈岱孙等四十一人联名发表《北平名流对于东北问题的意见》，抗议苏联红军逾期滞留中国东北，呼吁国人警惕"九一八事变"重演。

1947年，陈岱孙等十六人联名发表《我们对于经济改革方案之意见》，批评国民政府关门炮制的经改方案，"对于过去种种错误，未尝虚心检讨"，"对于目前经济危机，并无救治之能力"，表达了完全失望之意。

经济学是致用之学，这是陈岱孙的毕生信条，而且身为表率。

陈先生是一位天生的教师。他的课堪称条理清晰、稳重得体、细致周密的典范，学生对此印象深刻。有人回忆道："无论哪样艰深的理论，总是有条不紊的，分析得很仔细，灌输在听讲人的脑中"；"听陈岱孙讲课是一种享受，无论谁，只要上过他的课，不能不赞叹他的口才，虽然是福建人，可是国语讲得够漂亮，一个一个字吐得很清楚"；"在上课的时候，学生没有一个敢作声的，只精心凝听，因为他的声音是有节奏的，有韵律的，能使人如同听音乐一样，起着一种内心的快感"；"一言一义无废辞，同学伏首急书，下课略加整理，即为一完整之讲稿"。

课堂上的陈岱孙，衣冠整洁，一丝不苟，举止高雅，兼有中国学者风度和波士顿少年派头。"岱孙师伟岸修长，双目炯炯，予人第一印象，可望而不可即，颇有高山仰止之感。"每次上课，他总会提前几分钟站到教室黑板前，板书本堂课的提纲和参考书目，上课铃一响便准时开讲，如有学生迟到，则必约略重复一次。他一般很少提问，但乐于回答学生的任何问题。课堂上的每一分钟都在陈岱孙的控制之下，下课铃响，他也刚好讲完。

陈岱孙认为教师用中英文夹杂着讲课是殖民地心态的表现，所以，在1927年赴任清华教授的途中，他就在备课时一口气把所有在讲授中可能涉及到的学术术语、概念和借以表达意思的辞句都译成中文。从第一天上课起，他在课堂上就纯粹用中文讲，只在特别必要时才把原文写在黑板上当作注释。

看到学生手里的教材和参考书还是英文的，陈岱孙很快就产生了一个宏大的志向——编写中文教科书。他为了《比较预算制度》，专门利用年休假到欧洲去查资料买书。可惜在抗战爆发之际，他刚从庐山回到北平，过家门而未入就受命赴长沙组织清华南迁。随着北平沦陷，以及之后日寇将清华园里的教授住宅强征为随军妓院，书稿就此遗失。

全用中文讲课，编写中文教材，为此，陈岱孙到底翻译引进了多少经济学专业名词和术语，已是一件难以统计和考证的事。

陈岱孙到清华后，每学年教三门课，经济学概论、财政学、经济学说史，每周十五课时。第二年，他担任经济学系主任，第三年（1929）起又兼任法学院院长，管着政治、经济两个学系，这才根据校规被豁免了一门经济学概论，改为每学年只教两门。抗战期间，在西南联大，由于经济学系萧蘧教授奉命另有任用而离职，经济学概论又被陈岱孙接了过来。

西南联大经济学系没有秘书之类的职员，因为没有需要——系主任陈岱孙亲自制订教学计划，安排课程，以及与三校协调商定各门课程的教员人选。他从不管教员如何讲课，不过对于他们每人讲授的主要内容和观点皆能了然于胸。

对学生，陈先生则不断告诫："治学如筑塔，基础须广大，然后层层堆建上去，将来总有合尖之一日，学经济学欲求专门深造，亦应先奠广基"，要求他们在本系课程之外，同时注重培育在其他学科领域的素养。在他的倡导和主持下，从清华到联大，经济学系一直以"理论、事实、技术三者兼重"作为培养目标。

礼敬名师，加上坚持实施通才教育，使得联大经济学系一届届学子受益匪浅。他们当中的一些人，或被选送，或通过其他渠道去美国继续学业。到了之后，发现当地学校的大多数课程都"极容易"，有时候，所发表的专业见解竟然令洋导师哑口无言，联大毕业生这才明白了母校的厉害。

在西南联大，经济学系（含商学系）规模最大，各年级在读学生总数一度超过五百人，每年毕业人数最多，但不愉快的事情发生最少，师生多把这归功于系主任陈岱孙的"治事明快，言出必行，宽严相济"。

陈岱孙待人之严，有例为证。每学期开学时，学生都要填写选课单，然后恭恭敬敬地排队请系主任签字批准。一次，某系某生在单子上填了门"国济贸易"，陈岱孙用铅笔指一指"济"字，说"改一改"，某生马上改为"暨"字。陈岱孙二话不说，把这门课用笔划掉，替他填上了一门三学分的"大一国文"。还有，某生为选课而私刻了一枚陈岱孙的图章，被学校注册组发现，要开除学籍，跑来苦苦讨饶。陈岱孙不为所动，称不追究其伪造印信之罪，已属宽大，还有什么可通融的？

陈岱孙待人之宽，亦有例为证。他将丰富的政商各界人脉资源毫无保留地贡献出来，为毕业生尽心谋事。凡有求助者登门，一概热诚接待，绝不拒人于千里之外。仅此一条，便足令全系学生对陈岱孙敬如神明，丝毫没有怨言。

陈岱孙真心爱教书、爱学生。即便后来对北大在"文革"期间招收的工农兵学员，其中大部分人要从初中课程教起，他也是一样满怀温情、耐心对待。逢人就说，尽管他们程度低，但是读书很努力。

有教无类，是之谓也。

陈先生还是一位卓越的大学管理者，他的名字是和清华大学教授治校体制这座历史丰碑紧密联系在一起的。

清华大学的教授治校体制，是一种高度自治自决、具有浓厚英美文化传统色彩的大学治理体系。在这个体系中，由全体教授组成的教授会（Faculty）是最高决策机构，主管教学和研究的各学院院长、各学系主任均由教授会选举产生，校长对于这些职务的任命只是履行一个形式上的手续而已。

至于校务行政管理，所有重要事项，如制定校规、审议预算决算、制定学校基本建设计划、决定学院和学系之设立或废止等，均由评议会（Senate）说了算。评议会由校长、教务长、秘书长、各学院院长作为当然成员，另有教授会推举的若干名教授参加，推举名额比当然成员人数必须要多出一人。

校务会议（Council）负责执行评议会各项决议，由校长、教务长、秘书长、各学院院长组成，可以被视为"集体CEO"。

民国时期，局势动荡不安，教授治校体制的首要任务是抵抗或缓和各种外部政治派系势力的侵入和控制，捍卫教育学术民主自由。

1928年，北伐成功，国民政府接管清华学校并将其改制为国立大学，委派罗家伦担任校长。从这一年起，陈岱孙担任经济学系主任至1952年，担任评议员至1949年评议会解散。

1929年，为解决改制遗留问题，即（1）清华大学由外交部改归教育部专辖，（2）学校经费——美国退还庚款及其历年提留所形成的基金之管理，由外交部把持改为托管给第三方——中华教育文化基金董事会。教授会、评议会配合罗校长据理力争，大功告成。其间，"教授治校"四个字第一次以评议会决议的形式明确提出。同一年，根据民国《大学组织法》，清华设立文、理、法三学院，教授治校体制作为国法之外的家法，开始全面规范运作。陈岱孙以法学院院长（至1952年）成为当然的评议员和校务委员，从此尽心尽力，履行校务行政管理职责达二十三年。

1930年，中原大战爆发，国民政府势力暂时退出华北。罗家伦去职。待局面恢复，已是一年以后。其间，清华校长大位一直空缺，阎锡山曾试图派员充任，被师生拒之门外，很没面子。校内则是一派和谐，校务会议维持一切，教授安心讲课，学生安心读书。（这一年，清华大学研究院还增设了法科研究所，陈岱孙任经济学部导师兼法科研究所所长。）教授治校实战成功，声誉鹊起。

1931年，国民政府取得中原大战的完胜，腾出手来推行党化教育，派强势人物吴南轩出任清华校长。吴干了一个多月，惨遭师生驱逐。改派地质学家翁文灏代理校务，翁教授干了两个月，又知难而退。年底，谦逊温和持重的梅贻琦先生到任，清华大学翻开了新的一页，自此长治久安十八年。

尽管梅校长的法定权力受到教授治校体制的严重削弱和制约，但他不仅完全接受这个体制的精神，还协助巩固和完善它。到后来，梅先生甚至认为，"校长不过是率领职工给教授们搬搬凳子的"。说这样的话，他实在是过谦了，因为还有好几位教授在和他一起搬凳子——教务长潘光旦、秘书长沈履、文学院院长冯友兰、法学院院长陈岱孙、理学院院长吴有训、工学院院长顾毓琇。

搬凳子的工作蛮辛苦，当年清华一切校务都由教授们自治自决，因此在校务会议之外成立了好多专门委员会，各当一面。为了确保校务当局充分尊重并贯彻民意，各会人选乃按照教授、评议员、校务委员三者兼顾的原则搭配着组成。于是，一专多能的陈岱孙兼任多职：聘任委员会委员、招考委员会委员、留美公费生考选委员会委员、出版委员会委员、《清华学报》编辑、《清华大学一览》委员会委员、图书馆委员会委员、特购图书（中外政府刊物及档案）委员会主席、校景设计委员会委员、学生生活指导委员会委员、八家村建设工作计划委员会委员、特种研究事业筹划委员会委员、特种研究事业建筑财务委员会主席。其中大部分工作不幸因抗战爆发、清华南迁而中断。

抗战中,清华之上还有西南联大,陈岱孙是联大经济学系教授、主任,此后陆续兼起了商学系主任、一年级学生课业指导委员会委员、毕业生成绩审查委员会委员等职务,还代表联大参加西南经济调查合作委员会并担任召集人,代表联大参加与北平图书馆的合作委员会。

从 1928 年改制算起,清华在短短不到十年间便跻身于世界名校之列,经费充裕且财务独立大概是一个原因。那么西南联大呢?筚路蓝缕,一穷二白,但"内树学术自由之规模,外来民主堡垒之称号",创造出了世界教育史上罕见的成就。可见,有钱没钱不是办大学的关键。

梅贻琦说:"所谓大学者,非谓有大楼之谓也,有大师之谓也。"补充两条,大学还必须要有能够将大师们凝聚起来的理念——教育学术民主自由,以及一个好的制度——对内维护教学秩序,树立兼容并包的学风；对外则抵抗或缓和各种政治势力的侵入和控制。

负责运作整套制度的管理团队必须由教授们信得过的德才兼备之人组成。他们作为教授和学者，在尽到本分之外，还得具备作为校务行政管理者的应有素质与品格——意志坚定、方正不阿、思虑周密、处事严谨、甘于奉献、任劳任怨、世事洞明、人情练达。

陈岱孙任教清华大学二十五年，在评议会和校务会议服务的年头差不多一样长。他是教授治校体制创立、运行的关键人物，是梅校长最得力的助手。

陈先生是清华的大功臣，在两次重大历史关头发挥重要作用：一是抗战爆发时，形势紧迫，他毅然抛下家业，奔赴长沙筹备清华南迁；二是抗战结束后，他受命先期从昆明回到北平，一年中，接管校园，遣返日军战俘，同觊觎清华校产的国军周旋，主持校舍修复和扩建工程，恢复和添置图书设备，招考新生，筹备新学年开学，迎回全校师生。这两次不辱使命，值得清华学人永世感念。

写到这里，想到时下不少人因痛心于我国高等教育令人失望和焦虑的现状，而大有恢复教授治校体制的议论，实有哭笑不得之感。教授治校体制的成功运